中国铁建股份有限公司企业标准

中低速磁浮交通机电工程施工技术规范

Code for Construction of Medium and Low Speed Maglev Mechanical and Electrical Engineering

Q/CRCC 32805—2019

主编单位：中国铁建电气化局集团有限公司
　　　　　中铁十一局集团有限公司
批准单位：中国铁建股份有限公司
施行日期：2020 年 5 月 1 日

人民交通出版社股份有限公司
2019·北京

图书在版编目（CIP）数据

中低速磁浮交通机电工程施工技术规范／中国铁建电气化局集团有限公司，中铁十一局集团有限公司主编．— 北京：人民交通出版社股份有限公司，2019.12
　　ISBN 978-7-114-16126-1

Ⅰ．①中… Ⅱ．①中…②中… Ⅲ．①磁浮铁路—铁路工程—机电工程—工程施工—技术规范 Ⅳ．①U237-65

中国版本图书馆 CIP 数据核字（2019）第 294160 号

标准类型：	中国铁建股份有限公司企业标准
标准名称：	中低速磁浮交通机电工程施工技术规范
标准编号：	Q/CRCC 32805—2019
主编单位：	中国铁建电气化局集团有限公司
	中铁十一局集团有限公司
责任编辑：	曲　乐　李　坤
责任校对：	张　贺　龙　雪
责任印制：	张　凯
出版发行：	人民交通出版社股份有限公司
地　　址：	（100011）北京市朝阳区安定门外外馆斜街 3 号
网　　址：	http：//www.ccpress.com.cn
销售电话：	（010）59757973
总 经 销：	人民交通出版社股份有限公司发行部
经　　销：	各地新华书店
印　　刷：	北京鑫正大印刷有限公司
开　　本：	880×1230　1/16
印　　张：	8.75
字　　数：	160 千
版　　次：	2019 年 12 月　第 1 版
印　　次：	2019 年 12 月　第 1 次印刷
书　　号：	ISBN 978-7-114-16126-1
定　　价：	54.00 元

（有印刷、装订质量问题的图书，由本公司负责调换）

序　一

  2016年5月6日，由中国铁建独家承建的我国首条中低速磁浮商业运营线——长沙磁浮快线开通试运营。长沙磁浮快线是世界上最长的中低速磁浮线，是我国磁浮技术工程化、产业化的重大自主创新项目，荣获我国土木工程领域工程建设项目科技创新的最高荣誉——中国土木工程詹天佑奖。长沙磁浮快线是中国铁建独创性采用"投融资＋设计施工总承包＋采购＋研发＋制造＋联调联试＋运营维护＋后续综合开发"模式的建设项目，其建成标志着我国在中低速磁浮工程化应用领域走在了世界前列，也标志着中国铁建成为中低速磁浮交通的领跑者和代言人。

  我国已进入全面建成小康社会的决定性阶段，正处于城镇化深入发展的关键时期，亟待解决经济发展、城市交通、能源资源和生态环境等问题，而中低速磁浮交通具有振动噪声小、爬坡能力强、转弯半径小等优势，业已成为市内中低运量轨道交通、市郊线路和机场线、旅游专线等的有力竞争者。以中低速磁浮交通为代表的新型轨道交通是中国铁建战略规划"7＋1"产业构成中新兴产业、新兴业务重点布局新兴领域之一，也是中国铁建产业转型升级、打造"品质铁建"、实现高质量发展的切入点之一。2018年4月，中国铁建开展了中低速磁浮标准体系建设工作，该体系由15项技术标准组成，包括1项基础标准、9项通用标准和5项专用标准，涵盖勘察、测量、设计、施工、验收、运营和维护全过程、全领域；系列标准立足总结经验、标准先行、补齐短板、填补空白，立足系统完备、科学规范、国内一流、国际领先，立足推进磁浮交通技术升级、交通产业发展升级和人民生活品质提升。中低速磁浮系列标准的出版，必将为中国铁建新型轨道交通发展提供科技支撑力并提升中国铁建核心竞争力。

  希望系统内各单位以中低速磁浮系列标准出版为契机，进一步提升新兴领域开拓战略高度，强化新兴业务专有技术培育，加快新兴产业标准体系建设，以为政府和业主提供综合集成服务方案为抓手，以"旅游规划、基础配套、产业开发、交通工程勘察设计、投融资、建设、运营"一体化为指导，全面推动磁浮、单轨、智轨等新型轨道交通发展，为打造"品质铁建"做出新的更大贡献！

董事长：　　　　　　　　　总裁：

中国铁建股份有限公司
2019 年 12 月

序　二

建设更安全可靠、更节能环保、更快捷舒适的轨道交通运输系统，一直都是人类追求的理想和目标。为此，我国自20世纪80年代以来积极倡导、投入开展中低速常导磁浮列车技术的研究。通过对国外先进技术的引进、消化、吸收以及自主创新，利用高校、科研院所及设计院等企业的协调合作，我国逐步研发了各种常导磁浮试验模型车，建设了多条厂内磁浮列车试验线，实现了载人运行试验，标志着我国在中低速常导磁浮列车领域的研究已跨入世界先进国家的行列，并从基础性技术研究迈向磁浮产业化。

国内首条中低速磁浮商业运营线——长沙磁浮快线于2014年5月开建，开启了国内中低速磁浮交通系统从试验研究到工程化、产业化的首次尝试，实现了国内自主设计、自主制造、自主施工、自主管理的中低速磁浮商业运营线零的突破。建成通车时，我倍感欣慰，不仅是因为我的团队参与了建设，做出了贡献，更因为中低速磁浮交通走进了大众的生活，让市民感受到了磁浮的魅力，让国人的磁浮梦扬帆起航。

在我国磁浮技术快速发展的基础上，中国工程院持续支持了中低速磁浮、高速磁浮、超高速磁浮发展与战略研究三个重点咨询课题。三个课题详细总结了我国磁浮交通的发展现状、发展背景，给出了我国磁浮交通的发展优势、发展路径、发展战略等建议。同时，四年前，在我国已掌握了中低速磁浮交通的核心技术、特殊技术、试验验证技术和系统集成技术，并且具备了磁浮列车系统集成、轨道制造、牵引与供电系统装备制造、通信信号系统装备制造和工程建设的能力的大背景下，我联合多名中国科学院院士、中国工程院院士、大学教授署名了一份《关于加快中低速磁浮交通推广应用的建议》，希望中低速磁浮交通上升为国家战略新兴产业。

两年前，国内首条旅游专线——清远磁浮旅游专线获批开建，再次推动了中低速磁浮交通的产业化发展，拓展了其在旅游交通领域的应用。

现在，我欣慰地看到，第一批中国铁建中低速磁浮工程建设企业标准已完成编制，内容涵盖了工程勘察、设计、施工、验收建设全过程以及试运营、运营、检修维护全领域，结构合理、内容完整，体现了中低速磁浮交通标准体系的系统性和完整性，体现更严、更深、更细的企业技术标准要求。一系列标准的发布，凝聚了众多磁浮人的智慧结晶，对推动我国中低速磁浮交通事业的发展、实现"交通强国"具有重要的意义。

磁浮交通一直在路上、在奔跑，具有绿色环保、安全性高、舒适性好、爬坡能力强、转弯半径小、建设成本低、运营维护成本低等优点，拥有完全自主知识产权的中低速磁浮交通也是未来绿色轨道交通的重要形式。磁浮人应以国际化为目标，以产业化为支撑，以市场化为指导，以工程化为载体,实现我国磁浮技术的发展和应用。

　　作为磁浮交通科研工作者中的一员,我始终坚信磁浮交通有着广阔的发展前景,也必将成为我国轨道交通事业的"国家新名片"。

中国工程院院士:

2019 年 11 月

中国铁建股份有限公司文件

中国铁建科技〔2019〕165号

关于发布《中低速磁浮交通术语标准》等 15项中国铁建企业技术标准的通知

各区域总部，所属各单位：

现批准发布《中低速磁浮交通术语标准》（Q/CRCC 31801—2019）、《中低速磁浮交通岩土工程勘察规范》（Q/CRCC 32801—2019）、《中低速磁浮交通工程测量规范》（Q/CRCC 32802—2019）、《中低速磁浮交通设计规范》（Q/CRCC 32803—2019）、《中低速磁浮交通信号系统技术规范》（Q/CRCC 33802—2019）、《中低速磁浮交通供电系统技术规范》（Q/CRCC 33803—2019）、《中低速磁浮交通接触轨系统技术标准》（Q/CRCC 33805—2019）、《中低速磁浮交通车辆基地设计规范》（Q/CRCC 33806—2019）、《中低速磁浮交通土建工程施工技术规范》（Q/CRCC 32804—2019）、《中低速磁浮交通机电工程施工技术规范》（Q/CRCC 32805—2019）、《中低速磁浮交通工程施工质量验收标准》（Q/CRCC 32806—2019）、《中低速磁浮交通试运营基本条件》（Q/CRCC 32807—2019）、《中低速磁浮交通车辆检修规程》（Q/CRCC 33804—2019）、《中低速磁浮交通运营管理规范》（Q/CRCC 32809—2019）和《中低速磁浮交通维护规范》（Q/CRCC 32808—2019），自2020年5月1日起实施。

15项标准由人民交通出版社股份有限公司出版发行。

中国铁建股份有限公司
2019年11月18日

中国铁建股份有限公司办公厅　　　　　2019年11月18日印发

前 言

根据中国铁建股份有限公司《关于下达中国铁建中低速磁浮工程建设标准编制计划的通知》(中国铁建科设〔2018〕53号)的要求，规范编制组组织编制中国铁建企业标准《中低速磁浮交通机电工程施工技术规范》。

本规范编制过程中，编制组进行了深入调查研究，系统地总结工程实践经验，广泛征求有关单位和专家意见，并与相关规范进行了协调，经反复讨论、修改，由中国铁建股份有限公司科技创新部审查定稿。

本规范共分17章，主要技术内容包括：1 总则；2 术语；3 基本规定；4 施工准备；5 通风空调及供暖；6 供电；7 通信；8 信号；9 自动售检票系统；10 火灾自动报警系统；11 环境与设备监控系统；12 门禁系统；13 站内客运设备；14 给水与排水；15 站台门；16 安全技术防范；17 综合监控系统。

本规范由中国铁建股份有限公司科技创新部负责管理，由中国铁建电气化局集团有限公司及中铁十一局集团有限公司负责具体技术内容的解释。规范执行过程中如有意见或者建议，请寄送中国铁建电气化局集团有限公司（地址：北京市石景山区石景山路29号，邮编：100043，电子邮箱：kjb@crcebg.com）或中铁十一局集团有限公司（地址：湖北省武汉市武昌区中山路277号中铁大厦21楼，邮编：430061，电子邮箱：cr11dwjsb@163.com），以供今后修订时参考。

主 编 单 位：中国铁建电气化局集团有限公司
中铁十一局集团有限公司

主要起草人员：谢文艺　吴观华　李道新　余鹏成　刘　曼　张　静　李学杰
姚　宇　廖军华　杨明华　王振文　樊　桃　罗　涛　罗定武
吴　昊　李承连　许志明　邓士心　高　超　蒋　平　徐告春
叶志荣

主要审查人员：吴积钦　张家炳　刘新平　张艳春　许和平　贾志武　李庆民
张立青　李　强　李红梅　肖利君　唐晓岚　刘利平　周　芃
郝鑫鹏　肖金凤　邓志琳

目 次

1 总则 ··· 1
2 术语 ··· 2
3 基本规定 ·· 5
4 施工准备 ·· 7
　4.1 施工调查 ·· 7
　4.2 设计文件核对 ··· 7
　4.3 施工组织设计 ··· 7
　4.4 施工作业指导书编制 ··· 8
　4.5 施工技术交底 ··· 9
5 通风空调及供暖 ·· 10
　5.1 一般规定 ·· 10
　5.2 风管与配件制作 ·· 10
　5.3 风管部件安装 ··· 12
　5.4 设备安装 ·· 14
　5.5 抗震支吊架 ·· 15
　5.6 防腐与绝热 ·· 15
　5.7 系统接口 ·· 16
　5.8 防雷与接地 ·· 16
　5.9 单机调试 ·· 16
6 供电 ·· 18
　6.1 一般规定 ·· 18
　6.2 变电所 ··· 18
　6.3 接触轨 ··· 25
　6.4 电缆线路 ·· 28
　6.5 动力与照明 ·· 32
　6.6 电力监控 ·· 34
　6.7 防雷与接地 ·· 36
　6.8 系统接口 ·· 39
　6.9 调试试验 ·· 39

7 通信 ... 42
7.1 一般规定 ... 42
7.2 通信线路 ... 42
7.3 通信管槽 ... 45
7.4 设备安装及缆线布放 ... 46
7.5 防雷及接地 ... 48
7.6 系统接口 ... 48
7.7 单机调试 ... 48

8 信号 ... 51
8.1 一般规定 ... 51
8.2 光电缆线路 ... 51
8.3 固定信号、发车指示器及按钮装置 ... 55
8.4 列车检测与车地通信设备 ... 56
8.5 室内设备安装 ... 57
8.6 防雷及接地 ... 60
8.7 系统接口 ... 62
8.8 单机调试 ... 63

9 自动售检票系统 ... 67
9.1 一般规定 ... 67
9.2 管槽安装 ... 67
9.3 线缆敷设 ... 69
9.4 设备安装 ... 70
9.5 防雷及接地 ... 72
9.6 系统接口 ... 73
9.7 单机调试 ... 74

10 火灾自动报警系统 ... 75
10.1 一般规定 ... 75
10.2 布线及设备安装 ... 75
10.3 防雷及接地 ... 80
10.4 系统接口 ... 80
10.5 单机调试 ... 81

11 环境与设备监控系统 ... 86
11.1 一般规定 ... 86
11.2 布线及设备安装 ... 86
11.3 防雷及接地 ... 88

11.4	系统接口	88
11.5	单机调试	89

12 门禁系统 … 90
12.1	一般规定	90
12.2	布线及前端设备安装	90
12.3	终端设备安装	91
12.4	防雷及接地	92
12.5	系统接口	92
12.6	单机调试	92

13 站内客运设备 … 94
13.1	一般规定	94
13.2	设备安装	94
13.3	防雷及接地	95
13.4	系统接口	95
13.5	单机调试	96

14 给水与排水 … 97
14.1	一般规定	97
14.2	支吊架安装	97
14.3	管道与配件安装	98
14.4	设备安装	99
14.5	卫生器具安装	99
14.6	防雷与接地	100
14.7	系统接口	100
14.8	单机调试	100

15 站台门 … 102
15.1	一般规定	102
15.2	管槽安装	102
15.3	线缆敷设	102
15.4	门体及电气安装	104
15.5	机房设备安装	105
15.6	防雷及接地	105
15.7	系统接口	105
15.8	单机调试	106

16 安全技术防范 … 107
16.1	一般规定	107

  16.2 布线及设备安装 ··· 107
  16.3 防雷及接地 ··· 108
  16.4 系统接口 ··· 109
  16.5 单机调试 ··· 109

17 综合监控系统 ··· 111
  17.1 一般规定 ··· 111
  17.2 布线及设备安装 ··· 111
  17.3 防雷与接地 ··· 112
  17.4 系统接口 ··· 113
  17.5 单机调试 ··· 113

本规范用词说明 ··· 115

引用标准名录 ··· 116

涉及专利和专有技术名录 ··· 118

Contents

1 **General Provisions** ·· 1
2 **Terms** ·· 2
3 **Basic Requirements** ··· 5
4 **Construction Preparation** ··· 7
   4.1 Construction Investigation ··· 7
   4.2 Design Document Checking ·· 7
   4.3 Construction Organization Plan ··· 7
   4.4 Compilation of Construction Instructions ··· 8
   4.5 Construction Technology Disclosure ··· 9
5 **Ventilation, Air Conditioning and Heating** ······································ 10
   5.1 General Requirements ·· 10
   5.2 Manufacture of Air Duct and Fittings ·· 10
   5.3 Air Duct Component Installation ··· 12
   5.4 Equipment Installation ··· 14
   5.5 Seismic Support and Hanger ·· 15
   5.6 Antisepsis and Insulation ··· 15
   5.7 System Interface ··· 16
   5.8 Lightning Protection and Earthing ··· 16
   5.9 Single-machine Commissioning ··· 16
6 **Power Supply** ·· 18
   6.1 General Requirements ·· 18
   6.2 Power Substation ·· 18
   6.3 Contact Rail ·· 25
   6.4 Cable Lines ··· 28
   6.5 Power and Lighting ·· 32
   6.6 Power Monitoring ·· 34
   6.7 Lightning Protection and Earthing ··· 36
   6.8 System Interface ··· 39
   6.9 Commissioning and Test ·· 39

7 Communication · 42
7.1 General Requirements · 42
7.2 Communication Line · 42
7.3 Communication Pipe · 45
7.4 Equipment Installation and Cable Laying · 46
7.5 Lightning Protection and Earthing · 48
7.6 System Interface · 48
7.7 Single-machine Commissioning · 48

8 Signal · 51
8.1 General Requirements · 51
8.2 Electrical (Optical) Cable Lines · 51
8.3 Fixed Signal, Train Departure Indicator and Button · 55
8.4 Train Detection and Train Wayside Communication · 56
8.5 Indoor Equipment · 57
8.6 Lightning Protection and Earthing · 60
8.7 System Interface · 62
8.8 Single-machine Commissioning · 63

9 Automatic Fare Collection System · 67
9.1 General Requirements · 67
9.2 Tube Slot Installation · 67
9.3 Cable Running · 69
9.4 Equipment Installation · 70
9.5 Lightning Protection and Earthing · 72
9.6 System Interface · 73
9.7 Single-machine Commissioning · 74

10 Fire Alarm System · 75
10.1 General Requirements · 75
10.2 Wiring and Equipment Installation · 75
10.3 Lightning Protection and Earthing · 80
10.4 System Interface · 80
10.5 Single-machine Commissioning · 81

11 Building Automatic System · 86
11.1 General Requirements · 86
11.2 Wiring and Equipment Installation · 86
11.3 Lightning Protection and Earthing · 88

11.4	System Interface	88
11.5	Single-machine Commissioning	89

12 Access Control System … 90

12.1	General Requirements	90
12.2	Wiring and Front End Equipment Installation	90
12.3	Terminal Equipment Installation	91
12.4	Lightning Protection and Earthing	92
12.5	System Interface	92
12.6	Single-machine Commissioning	92

13 Equipment in Station for the Passengers … 94

13.1	General Requirements	94
13.2	Equipment Installation	94
13.3	Lightning Protection and Earthing	95
13.4	System Interface	95
13.5	Single-machine Commissioning	96

14 Water Supply and Drainage … 97

14.1	General Requirements	97
14.2	Installation of Support and Hanger	97
14.3	Installation of Water Supply and Drainage Pipes and Fittings	98
14.4	Equipment Installation	99
14.5	Installation of Sanitary Ware	99
14.6	Lightning Protection and Earthing	100
14.7	System Interface	100
14.8	Single-machine Commissioning	100

15 Platform Door … 102

15.1	General Requirements	102
15.2	Wiring Installation	102
15.3	Cable Wiring	102
15.4	Installation of Mechanical Room Equipment	104
15.5	Equipment Installation in Computer Room	105
15.6	Lightning Protection and Earthing	105
15.7	System Interface	105
15.8	Single-machine Commissioning	106

16 Security Technical Protection … 107

16.1	General Requirements	107

16.2	Cable Wiring and Equipment Installation	107
16.3	Lightning Protection and Earthing	108
16.4	System Interface	109
16.5	Single-Machine Commissioning	109

17 Integrated Supervisory and Control System ········ 111

17.1	General Requirements	111
17.2	Cable Wiring and Equipment Installation	111
17.3	Lightning Protection and Earthing	112
17.4	System Interface	113
17.5	Single-machine Commissioning	113

Explanation of Wording in This Code ········ 115

List of Quoted Standard ········ 116

List of Quoted Patents and Proprietary Technology ········ 118

1 总则

1.0.1 为加强中低速磁浮交通机电工程施工质量管理，统一施工质量标准，做到安全可靠、技术先进、经济合理、节能环保，制定本规范。

1.0.2 本规范适用于新建、扩建、改建的直流供电中低速磁浮交通机电工程的施工，包含设备到货检查、设备安装、防雷接地、系统接口、单机试验阶段的施工内容。

1.0.3 工程施工应加强标准化管理，积极推行机械化、工厂化、专业化、信息化施工。

1.0.4 中低速磁浮交通机电工程施工除应符合本规范外，尚应符合国家现行有关标准和中国铁建现行有关企业技术标准的规定。

2　术语

2.0.1　中低速磁浮交通　medium and low speed maglev transit
采用直线异步电机驱动，定子设在车辆上的常导磁浮轨道交通。

2.0.2　限界　gauge
保障中低速磁浮交通安全运行、限制车辆断面尺寸、限制沿线设备安装尺寸及确定建筑结构有效净空尺寸的图形及相应定位坐标参数。根据功能要求，分为车辆限界、设备限界和建筑限界。

2.0.3　接触轨　contact rail
敷设在承轨梁两侧，通过受流器向中低速磁浮列车供给电能的导电轨。

2.0.4　钢铝复合导电轨　steel conductor rail
钢材和铝材通过某种机械或物理方式结合而成的接触轨。

2.0.5　接触轨绝缘支撑　insulated support bracket
将接触轨固定于承轨梁一侧的特定位置，对接触轨进行支撑、定位和绝缘，能够承载系统中所有可能出现的静载和动载，以下简称"绝缘支撑"。

2.0.6　接触轨中间接头　bolted joint
用于接触轨的轨与轨之间连接并传导电能的部件。

2.0.7　膨胀接头　expansion joint
设置于两组中心锚结之间，用于补偿接触轨因自身温度变化而引起伸缩的装置。

2.0.8　端部弯头　ramp
为保证电气列车的受电靴平滑搭接或离开接触轨，在接触轨的端部设置具有适量纵向坡度的接触轨。

2.0.9　中心锚结　mid-point anchor
一般设在接触轨锚段中部，防止两端膨胀接头向一侧滑动和缩小事故范围的装置。

2.0.10 分段绝缘器　section insulator

用于接触轨机械上联通、电气上分段并将整个供电系统分成多个供电分区的装置。

2.0.11 电缆连接板　cable terminals board

用于将电缆和接触轨进行连接的导电装置。

2.0.12 跨距　span length

接触轨相邻两个绝缘支撑的间距。

2.0.13 锚段　contact rail section

接触轨机械上独立的线段。

2.0.14 锚段长度　contact rail section length

连续敷设的接触轨相邻两个中心锚结之间的距离。

2.0.15 综合接地系统　comprehensive grounding system

综合接地系统是将车站及区间的供电、信号、通信等设备系统及疏散平台、声屏障等需接地的装置通过贯通接地干线连成一体的系统。

2.0.16 冷滑试验　cold slide test

在接触轨无电条件下机械牵引或使用限界车测试。

2.0.17 热滑试验　hot slide test

在接触轨带电条件下列车进行带电运行试验。

2.0.18 F型钢　F type steel

断面为"F"形状的中低速磁浮轨道专用型钢。

2.0.19 主变电所　high voltage substation

由城市电网引入高压电源，将其转换为中低速磁浮交通用中压电源的专用高压变电所。

2.0.20 降压变电所　distribution substation

将中压交流电降压为动力及照明用低压交流电的变电所。

2.0.21 供电制式　power supply mode

牵引供电系统中采用的电流制式、电压等级等供电方式。

2.0.22 动力照明系统　power lighting system

为动力及照明设备提供低压电源的供电系统。

2.0.23 列车自动监控　automatic train supervision（ATS）

自动实现行车指挥控制、列车运行监视和管理技术的总称。

2.0.24 列车自动防护　automatic train protection（ATP）

自动实现列车运行间隔、超速防护、进路安全和车门等监控技术的总称。

2.0.25 点—连式 ATP 系统　intermittent and continuous communication ATP system

以应答器作为主要车地列控信息通信方式，在站台区、道岔区、驾驶模式转换等区域局部辅助连续式车地通信方式的 ATP 系统。

3 基本规定

3.0.1 施工单位应组建专门组织管理机构，配备专职管理、技术、试验及施工人员，关键岗位人员和关键工序作业人员应相对固定。参建人员应经过培训合格后方可上岗，特殊工种作业人员应持证上岗。

条文说明

特殊工种指专门从事电工、焊工、起重作业等的工种。

3.0.2 施工单位应建立完善的工器具及仪器仪表管理制度，配备合格的试验、检测、计量等工器具及仪器仪表，满足现场试验检验要求。

3.0.3 施工单位应做好施工调查和现场核对，并参加现场定测、设计技术交底、图纸会审、竣工验收等工作。

3.0.4 施工单位应加强关键工序控制，组织相关单位共同开展首件工程评估，统一工艺标准。

3.0.5 工程施工现场应有健全的质量管理体系文件、相关技术标准文件和施工质量检验制度。

3.0.6 施工单位应对工程采用的主要材料、设备、构配件的外观、规格、型号和质量证明文件等进行进场验收。

3.0.7 凡涉及结构安全、节能、环境保护、消防和使用功能的试件、试块、材料或产品，应按相应的设计要求、现有规范和标准的规定进行检验。

3.0.8 各工序施工结束后以及隐蔽工程覆盖前，施工单位应进行自检并形成记录，经监理工程师检查合格方可进入下道工序施工。

3.0.9 各工序施工过程中及各系统施工完成后所进行的测试或试验应符合设计要求

和相关技术标准的规定，并形成记录。

3.0.10 施工中应采取保证施工周边人员、建筑、构筑物安全和施工人员职业健康安全的措施。

3.0.11 施工单位应规范施工现场管理，遵循以人为本、因地制宜、节约用地、符合施工需求的原则，合理布置生产区、辅助生产区、中心料库区和办公生活区等，并符合防洪、防火、防爆等要求。

3.0.12 施工单位应以批准的设计文件为依据进行施工，如需变更，应按规定的变更设计处理办法执行。

3.0.13 工程施工应建立健全质量保证体系和安全管理规章制度，设置专门安全质量管理机构，对工程施工安全、质量进行全过程控制管理，每道工序完成后，都应采取相应的检测手段检查施工质量，并形成记录，落实安全生产责任制，保证安全施工。

3.0.14 工程采用的材料、设备、构配件等质量应符合国家现行有关标准的规定，进场后应按照相关规定现场抽样送具备相应资质的第三方检测机构检测，合格后方能使用。

3.0.15 施工现场应减少绿地的临时占用，保持周边环境清洁卫生，对废水、废气、废物的排放和处理应达到国家环境保护相关标准的规定。

3.0.16 施工中应减少或控制对城市交通和居民生活的干扰，在城市主干道、商业集中区、学校、医院等人口稠密区域施工时，应根据安全、环保与防灾要求做好文明施工设施。

3.0.17 施工中应对管网、道路、桥梁等城市基础设施以及永久性测量标桩和地质、地震观测标志等予以保护，如需迁改，应报请相关主管部门批准。

3.0.18 施工采用的新技术、新工艺、新材料、新设备应经相关部门审批后按照相关技术文件实施。

3.0.19 施工单位应提前介入土建预留接口工程的施工，确保接口工程满足机电设备安装的精度要求，所有设备及构配件不得侵入限界。

3.0.20 施工单位应按地方政府现行的档案管理相关规定进行竣工资料的收集、整理、归档，移交竣工文件，办理交接手续。

4 施工准备

4.1 施工调查

4.1.1 施工单位应对施工环境及工程接口条件进行调查，并编制施工调查报告。

4.1.2 施工单位进场前的施工环境、条件调查应包括下列内容：
1 施工当地原材料及半成品的品种、质量、价格及供应能力。
2 施工当地的雨季、降雨量、覆冰、冻土深度等地形、气象、水文情况。
3 施工道路运输、场地、仓储、水源、供电、通信等条件。
4 施工当地生活供应、医疗、卫生、防疫、民俗及社会治安情况等。

4.1.3 施工单位应按管理和技术要求进行工程接口条件调查，调查应包括以下内容：
1 市政供电、供水、排水、燃气、供暖、通信等管网接口情况。
2 既有地下管线情况。
3 土建预留沟、槽、管、孔、预埋件及接地等。
4 机电工程内部各系统间的接口情况。

4.2 设计文件核对

4.2.1 施工单位应按下列要求对设计文件进行核对：
1 经审批后的施工设计文件齐全。
2 设计说明与设计图纸相一致。
3 施工图中设备安装位置以及管线路径等应与现场条件相一致。
4 与其他相关专业接口正确。

4.2.2 施工前应对核对中发现的问题及时与建设、设计、监理等单位协调解决，并按批准的修改方案实施。

4.3 施工组织设计

4.3.1 施工组织设计应包括编制依据、工程概况、施工部署、施工进度计划、施工准备与资源配置计划、主要施工方法及施工现场平面布置等内容。

4.3.2 工程概况应包括项目主要情况和项目主要施工条件等。

4.3.3 施工部署应包含以下内容：
1 确定项目施工总目标，包括进度、质量、安全、环境和成本等目标。
2 根据项目施工总目标的要求，确定项目分阶段或分期交付的计划。
3 确定项目分阶段或分期施工的合理顺序及空间组织。
4 对项目施工的重点和难点进行简要分析并提出应对措施。
5 明确项目管理的组织体系。
6 对项目施工中采用的新技术、新工艺、新材料和新设备做出策划。

4.3.4 施工进度计划应按照项目施工部署的安排进行编制，可采用横道图或网络图表示，并附必要说明。

4.3.5 施工准备与资源配置计划应包括技术准备、现场准备、资金准备和劳动力配置计划、物资配置计划等。

4.3.6 施工组织设计应对单位工程和主要分部工程、分项工程所采用的施工方法进行简要说明。

4.3.7 施工方法应包括单位工程和主要分部工程、分项工程采用的工艺工法等。施工组织设计应报相关单位审批后组织实施。

4.4 施工作业指导书编制

4.4.1 施工作业指导书应包括编制依据、适用范围、作业准备、技术要求、施工程序与工艺流程、施工要求、劳动组织、材料要求、设备机具配置、质量控制及检验、安全及环保要求等主要内容。

4.4.2 适用范围应明确工程类别、地质、环境等作业条件。

4.4.3 作业准备应说明作业开始具备的条件和完成的工作，包括技术准备、人员配备、机械设备及工器具配备、材料、试验等。

4.4.4 技术要求应明确工程类别和项目应达到的技术指标和技术标准。

4.4.5 施工程序与工艺流程应说明分部工程、分项工程的内部施工段落划分，各组成部分的作业程序和先后顺序。

4.4.6 施工要求应分解说明作业方法、采取的相关措施、需要控制的内容和参数。

4.4.7 劳动组织应说明建设项目的劳动力组织方式，完成施工作业项目需要的人员构成、数量、使用安排和作业指标。

条文说明

作业指标指施工程序，把它用标准制定下来，先干什么后干什么，怎么干。

4.4.8 材料要求应说明完成施工作业项目的材料种类、型号、数量和使用计划、相关技术要求。

4.4.9 设备机具配置应说明施工作业项目需要的设备、机具的型号、性能和数量。

4.4.10 质量控制及检验应明确施工作业项目的质量标准、控制要点、检查方法、验收程序及指标。

4.4.11 安全及环保要求应对安全风险进行识别并分级管理。

4.5 施工技术交底

4.5.1 施工单位应逐级组织管理层、技术层、作业层进行施工技术交底。

4.5.2 施工技术交底应根据施工进度分阶段进行，并应包括下列内容：
1 质量目标和要求。
2 安全目标和要求。
3 环境保护目标和要求。
4 施工部位。
5 工艺流程及工艺标准。
6 验收标准。
7 施工材料、机具、仪器仪表。
8 操作要点。
9 施工质量卡控点。

4.5.3 施工技术交底可采取会议、书面、班前讲话等形式。

5 通风空调及供暖

5.1 一般规定

5.1.1 通风空调及供暖工程应包括风管与配件制作、风管部件安装、设备安装、抗震支吊架、防腐与绝热、系统接口、防雷与接地和单机调试等。

5.1.2 通风空调及供暖工程的施工应按规定的程序进行，与土建等工种互相配合。

5.1.3 通风空调及供暖工程施工应满足现行国家标准《通风与空调工程施工规范》（GB 50738）、《地下铁道工程施工质量验收标准》（GB/T 50299）、《地下铁道工程施工标准》（GB/T 51310）和《通风与空调工程施工质量验收规范》（GB 50243）的相关规定。

5.2 风管与配件制作

5.2.1 风管与配件的制作应包括材料检验、下料、支架成型、倒角、咬口、折方或卷圆、铆接翻边、检验待运等。

5.2.2 风管与配件的制作施工工序流程可按图5.2.2所示流程进行。

5.2.3 风管制作应符合设计及规范的要求，并符合以下规定：
   1 板材倒角应在下料后、压口前进行，宜采用手工倒角或机械倒角。
   2 折方时用力均匀，宜采用折方机进行折方，折方应平直，两端面应平行，不得有胀裂和半咬口现象。
   3 宜手工进行钢板合缝，咬口缝应结合紧密、宽度一致。

5.2.4 矩形风管法兰应采用四根角钢组焊而成，施工时应符合下列规定：
   1 角钢、扁钢应采用切割机切断，下料调直后宜采用台钻加工。
   2 角钢焊接时，宜采用模具卡紧固定在专用的焊接平台上进行，焊缝应熔合良好、饱满、无假渣和空洞。
   3 风管矩形法兰的四角部位应设有螺孔。
   4 焊后的法兰内径不应小于风管外径，同一批量加工的相同规格的螺孔应排列一致，具有互换性。

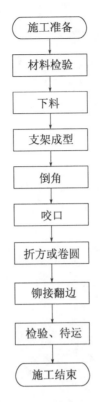

图 5.2.2　风管与配件制作施工工序流程图

5　风管法兰断面、焊接及钻孔处除锈刷漆时，应先涂刷两遍防锈底漆再涂刷一遍面漆，不得存在漏刷及漏红现象。

5.2.5　风管与法兰采用铆接方式进行连接时，风管与法兰铆接前应进行技术质量复核，施工应满足下列规定：

1　铆钉应采用钢铆钉，铆钉平头朝内、圆头在外，应牢固可靠，不应有脱铆和漏铆现象。

2　将法兰套在风管上，管端宜留出 6~9mm 左右的翻边量，管中心线与法兰平面应垂直，使用铆钉钳将风管与法兰铆固，并留出四周翻边。

3　翻边应平整、紧贴法兰、宽度一致，咬缝与四角处不得有开裂与孔洞。

条文说明

对于风管制作，《通风与空调工程施工质量验收规范》（GB 50243—2016）第 4.3.1 条第 1 款第 5 项规定如下：

"风管与法兰采用铆接连接时，铆接应牢固，不应有脱铆和漏铆现象；翻边应平整、紧贴法兰，其宽度应一致，且不应小于6mm；咬缝与四角处不应有开裂与孔洞。"

5.2.6　风管与风管法兰间的垫片应耐油耐潮耐酸碱腐蚀，不应含有石棉及其他有害成分，排烟风管法兰密封垫片应采用A级不燃材料。

5.2.7 风管翻边施工应符合下列规定：
1 应平整并紧贴法兰，并剪去风管咬口部位多余的咬口层。
2 翻边四角不得撕裂，翻拐角边时，应拍打成圆弧形。
3 涂胶时，应适量、均匀，不应有堆积现象。

5.2.8 风管弯管制作应符合下列规定：
1 风管弯管制作应采用曲率半径为一个边长的内外同心弧形弯管。
2 当风管外边长小于或等于300mm时，外边长允许偏差为±2mm；风管外边长大于300mm时，外边长偏差为±3mm。
3 风管法兰的焊缝应熔合良好、饱满，无假焊和孔洞；法兰平面度的允许偏差为±2mm，同一批量加工的相同规格法兰的螺孔排列应一致，并具有互换性。

条文说明

对于金属风管制作相关要求，《通风与空调工程施工质量验收规范》（GB 50243—2016）第4.3.1条第1款第2项规定如下：

"风管外径或外边长的允许偏差：当小于或等于300mm时，为2mm；当大于300mm时，为3mm。管口平面度的允许偏差为2mm，矩形风管两条对角线长度之差不应大于3mm；圆形法兰任意正交两直径之差不应大于2mm。"

5.2.9 弯管导流叶片施工应符合下列规定：
1 导流片的分布应符合设计要求。
2 矩形弯管导流叶片迎风侧应边缘圆滑、固定牢固。
3 导流片的弧度应与弯管的角度相一致。
4 导流叶片的长度超过1250mm时，应有加强措施。

条文说明

对于弯管导流叶片施工要求，《通风与空调工程施工质量验收规范》（GB 50243—2016）第5.3.8条规定如下：

"矩形弯管导流叶片的迎风侧边缘应圆滑，固定应牢固。导流片的弧度应与弯管的角度相一致。导流片的分布应符合设计规定。当导流叶片的长度超过1250mm时，应有加强措施。"

5.3 风管部件安装

5.3.1 风管安装施工应包括预留孔洞排查、路径确认、弹线定位、固定膨胀锚栓、支吊架安装、风管吊装、风管拼装、调平、固定支架安装。

5.3.2 风管安装施工工序流程可按图5.3.2所示流程进行。

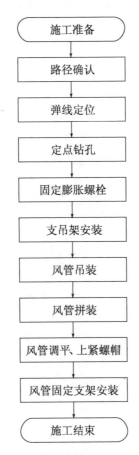

图5.3.2 风管安装施工工序流程图

5.3.3 风管安装应符合下列规定：
1 风管的连接应平直、不扭曲。
2 明装风管水平安装，水平度的允许偏差为±3‰，总偏差不应大于20mm。明装风管垂直安装，垂直度的允许偏差为±2‰，总偏差不应大于20mm。
3 暗装风管的位置应正确、无明显偏差。

条文说明

对于风管系统安装要求，《通风与空调工程施工质量验收规范》（GB 50243—2016）第6.3.2条第7款规定如下：

"风管的连接应平直、不扭曲。明装风管水平安装，水平度的允许偏差为3/1000，总偏差不应大于20mm。明装风管垂直安装，垂直度的允许偏差为2/1000，总偏差不应大于20mm。暗装风管的位置，应正确、无明显偏差。"

5.3.4 风管保温外包纤维硅酸盐防火板施工，应符合下列规定：
1 支吊架间距应符合设计及施工规范。
2 两风管连接处应用自攻螺栓将100mm宽硅酸盐板覆盖于接缝处。

5.4 设备安装

5.4.1 设备安装前应根据设计文件对设备安装条件进行检查，并满足下列要求：
1 根据安装图对设备基础的强度、外形尺寸、坐标、高程及减振装置进行检查，其参数满足相关文件要求。
2 设备下边应设有长度、宽度不小于机组对应长度、宽度100mm，高度为100~200mm的混凝土平台作为基础，基础周围应设有排水沟及地漏。
3 基础应水平，其对角线的水平允许误差宜为5mm。

条文说明

为了有效地保证排水通畅，机组下边应设置长度、宽度比机组长度、宽度大于100mm，高度为100~200mm的混凝土平台作为基础，且基础周围宜设排水沟及排水地漏，以保证凝结水的顺利排放。基础应水平，其对角线的水平误差不宜超过5mm。

5.4.2 设备开箱检查应符合下列规定：
1 开箱前检查外包装不应受损或受潮。
2 开箱后核对设备及各段的名称、规格、型号、技术条件应符合设计要求，产品说明书、合格证、随机清单和设备技术文件应齐全。
3 主机附件、专用工具、备用配件等应齐全，设备表面不应有缺陷、缺损、损坏、锈蚀、受潮的现象。
4 通过检查门进入或取下风机段活动板，用手盘动风机叶轮，风机叶轮不应与机壳相碰，风机减振部分应符合要求。
5 冷凝水管道应畅通、无渗漏，加热器及旁通阀应严密、可靠，过滤器零部件应齐全，滤料及过滤形式应符合设计要求。

条文说明

设备的随机文件既代表了产品质量，又是安装、使用的说明书和技术指导资料，宜加以重视。随着国际交往的日益频繁，国内工程中安装进口设备的情况逐渐增加。根据国际惯例，所安装的设备应通过国家商检部门的鉴定，并具有检验合格的证明文件。

5.4.3 设备运输前应保存好底座，不宜开箱，现场水平运输时宜采用液压车运输，室外垂直运输时宜采用门式提升架或吊车，机房内运输时宜采用滑轮、倒链进行吊装和运输。整体设备运输时，倾斜角度应满足设备相关技术文件要求。

5.4.4 机组组装应符合下列规定：
1 机组组装宜在设备厂家专业人员现场指导下进行安装。
2 机组段连接时，应对照机组运输段的编号顺序，依照机组标明的空气流向进行组装；组装前应将附带的密封保温胶条粘到机组段间的铝框架连接面上，两个相邻的机组段应对准安装。

5.4.5 试运转前，水管连接、电源配线、风管连接、排水管道连接、过滤器安装应完成，电机和风机轴转动应灵活，机组水压测试和通风试验应完成并合格。

5.5 抗震支吊架

5.5.1 抗震支吊架材料运抵现场后，应设专人对材料种类、规格、尺寸等进行验收。

5.5.2 抗震支吊架主要构件的安装，应防止与管道结合处的电化学腐蚀，各连接件应按设计的力矩进行锁紧。

5.6 防腐与绝热

5.6.1 风管贴墙面、穿墙套管内风管及风阀应进行保温，风管绝热应符合下列规定：
1 保温钉的分布应均匀，每平方米的数量：底面不应少于16个，侧面不应少于10个，顶面不应少于8个。
2 保温钉与风管、部件与设备表面的连接采用粘接，结合应牢固，不得脱落；胶粘带应牢固地粘贴在防潮面层上，不得有胀裂和脱落。
3 首行保温钉至风管或保温材料边缘的距离不应大于120mm。

条文说明

对于风管绝缘施工，《通风与空调工程施工质量验收规范》（GB 50243—2016）第10.3.6条第2款规定如下：

"矩形风管或设备保温钉的分布应均匀，其数量底面每平方米不应少于16个，侧面不应少于10个，顶面不应少于8个。首行保温钉至保温材料边沿的距离应小于120mm。"

5.6.2 管道防潮层的施工应符合下列规定：
1 防潮层应紧密粘贴在绝热层上，封闭良好，不得有虚粘、气泡、褶皱、裂缝等缺陷。
2 立管的防潮层，应由管道的低端向高端敷设，环向搭接的缝口应朝向低端；纵向的搭接缝应位于管道的侧面，并顺水。

5.7 系统接口

5.7.1 通风与空调接口包括与土建、装修、供电、综合监控系统、火灾报警系统等其他工程的接口。

5.7.2 通风与空调与土建接口应满足设备基础、风管预留孔洞的尺寸、位置符合设计及设备安装要求的规定。

5.8 防雷与接地

5.8.1 防雷与接地包括通风空调与供暖工程内电气设备接地、接地体连接等工程。

5.9 单机调试

5.9.1 单机调试设备应包括风机、水泵、冷水机组、空调机组等。

5.9.2 通风与空调工程单机调试施工工序流程可按图5.9.2所示流程进行。

图5.9.2 通风与空调单机调试施工工序流程图

5.9.3 单机设备试运转前应对空调系统的电气设备及主回路进行检查测试,测试合格后才可运转。试运转后,应检查设备的减振器的移位现象。设备的试运转要根据各种设备和操作规程进行,并做好记录。

6 供电

6.1 一般规定

6.1.1 供电工程应包括变电所、接触轨、电缆线路、动力与照明、电力监控、防雷与接地、系统接口、调试试验等。

6.1.2 电气设备试验应满足现行国家标准《电气装置安装工程 电气设备交接试验标准》（GB 50150）的规定。

6.1.3 电气设备安装单位应与相关施工单位密切配合，各项工程接口条件满足相关技术标准，并相互确认。

6.1.4 设备、材料到货后应做开箱检验记录，施工过程中应做安装及隐蔽工程记录，各工序完成后应做好质量检查记录。

6.1.5 电气设备在运输、保管期间应防止受潮、倾倒或遭受机械损伤，并应满足产品的相关技术要求。设备运进设备房屋前，应确保室内场地不留杂物，房间清洁，并设有防尘措施。

6.1.6 变电所受电启动方案应经监理单位、建设单位及其他相关部门批准后方可实施，参加受电启动的各方应严格遵守。

6.1.7 DC 1500V 带电体对地的安全净距为动态情况下不应小于 100mm，静态情况下不应小于 150mm，室内交流配电装置的安全净距应符合现行国家标准《电气装置安装工程 母线装置施工及验收规范》（GB 50149）的规定。

6.2 变电所

6.2.1 变电所工程包括 AC 110kV 主变电所、AC 35kV 及以下降压变电所、DC 1500V 及以下牵引变电所工程的设备基础型钢预埋、电缆桥支架安装、接地装置安装、设备安装、所内电缆敷设、二次配线、设备调试试验、受电等工程。

6.2.2 变电所工程施工工序流程可按图6.2.2所示流程进行。

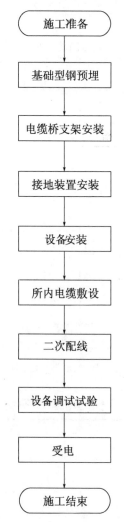

图6.2.2 变电所施工工序流程图

条文说明

本条对一般情况下变电所整体的施工工序介绍只作为施工单位的参考，具体实施过程中根据现场情况进行调整。

6.2.3 设备基础预埋应符合下列规定：

1 设备基础预埋施工工序流程可按图6.2.3所示流程进行。

2 设备基础型钢预埋应与装修层施工配合进行，基础型钢拼装、调整、固定等工序完成后才能进行装修层施工。

3 设备基础型钢的材料、制作、安装方式、预埋位置应符合设计要求。

4 设备基础型钢安装的允许偏差应符合设计要求，当无要求时应符合表6.2.3的要求。控制屏、交流开关柜等交流设备基础型钢顶部宜高出地面10mm，直流开关柜、负极柜等直流设备基础型钢顶部应与地面平齐。

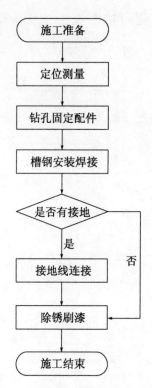

图 6.2.3 基础预埋施工工序流程图

表 6.2.3 设备基础型钢安装允许偏差

项 目	允许偏差	
	mm/m	mm/全长
不直度	(-1, 1)	(-5, 5)
不平度	(-1, 1)	(-5, 5)
位置误差及不平整度	—	(-1, 1)

6.2.4 设备基础型钢与地面固定牢固并经防腐处理，焊接牢固，焊接处饱满，不应有裂缝、气孔及脱焊现象，不得有虚焊或漏焊现象。

6.2.5 设备基础型钢应可靠接地，接地方式和数量应满足设计要求，有绝缘安装要求的设备基础型钢不应接地，并应避免与建筑结构钢筋发生电气连接。

6.2.6 电缆桥支架施工应符合下列规定：
1 电缆桥支架所用钢材应平直，无扭曲，焊接饱满，应进行防腐处理。
2 电缆桥支架安装牢固、横平竖直，安装位置、固定方式应符合设计要求，在有坡度的建筑物上安装时，应与建筑物有相同坡度。
3 电缆桥支架间距最小净空距离应符合设计要求，当无要求时应符合表 6.2.6 的规定。

表 6.2.6 电缆桥支架层间垂直距离允许最小值（mm）

电缆类型		支架	桥架
控制电缆		120	200
电力电缆	10kV及以下（不含交联聚乙烯电缆）	150~200	250
	6~10kV交联聚乙烯电缆	200~250	300
	35kV单芯电缆，每层3根	250	300
	110kV电缆，每层1根		
	35kV三芯电缆	300	350
	110kV电缆，每层1根		
电缆敷设在槽盒中		h+80	h+100

注：h 为槽盒高度。

4 电缆桥架遇伸缩缝时应配置伸缩连接板，穿越墙体、楼板的桥架，在穿越处不设接头。

5 金属电缆桥支架全长不应少于2处于接地。

6.2.7 变压器施工应符合下列规定：

1 变压器施工包括油浸式变压器、干式变压器的运输、安装。

2 变压器在装卸和运输过程中不应有严重冲击和振动。油浸式变压器运输倾斜角度不应大于15°，充氮气或空气运输时，应保持气体压力在0.01~0.03MPa的正压。

3 变压器运达现场应确认高低压瓷套表面光滑、无裂纹，瓷铁粘合牢固，无锈蚀。

4 变压器安装后应确认所有紧固件紧固，绝缘件完好，金属部件无锈蚀，绕组完好、无变形、无移位、无损伤、内部无杂物，铁芯单点接地。

5 变压器连接带电导体间或对地的距离应满足国家现行标准《3~110kV高压配电装置设计规范》（GB 50060）的规定，带电导体表面无损伤、毛刺和尖角，相色标志正确、清晰。

6 变压器及其非带电金属部分，均应有可靠的接地，铁芯、中性点应单独与接地母线相连。

7 变压器温控装置宜安装于变压器室遮栏外侧，热敏电阻应安装正确，连接可靠。

6.2.8 DC 1500V及以下直流设备施工应符合下列规定：

1 DC 1500V及以下直流设备施工包括DC 1500V及以下的开关柜、整流器柜及负极柜等设备就位安装。

2 DC 1500V及以下直流设备施工工序流程可按图6.2.8所示流程进行。

3 DC 1500V及以下直流设备外壳对地应绝缘，当采用下部铺设绝缘板安装方式时，绝缘板露出柜体长度应大于10mm，设备应采用绝缘螺栓或者不锈钢螺栓套绝缘帽的固定方式，设备外壳对地工频绝缘电阻不小于2MΩ。

图 6.2.8　DC 1500V 及以下直流设备施工工序流程图

4　DC 1500V 及以下直流设备安装完成后，柜体、绝缘板与基础槽钢间应连接紧密、固定牢固，柜体安装排列整齐，柜内元器件应完整无损、固定牢固，元器件的定位标识应无错位现象，表面油漆色泽一致、完好、标识正确。

5　DC 1500V 及以下开关柜安装完成后，其小车式断路器应推拉轻便灵活，安全隔板能随车体的进出而自动开闭，且动作灵活、可靠，主触头的动、静触头中心线应一致，接触紧密。

6.2.9　AC 35kV 及以下屏柜施工应符合下列规定：

1　AC 35kV 及以下屏柜施工包括 AC 35kV 开关柜、AC 10kV 开关柜、AC 400V 开关柜、交直流屏、综合自动化屏等设备屏柜就位安装。

2　AC 35kV 及以下屏柜施工工序流程可按图 6.2.9 所示流程进行。

3　成排屏柜安装时，第一面开关柜就位后，柜体位置、垂直度、水平度应进行严格测量复核，满足设计要求后才能进行第二面开关柜安装。

4　成列屏柜的垂直、水平、屏柜面和屏柜间接缝的允许偏差应符合表 6.2.9-1 的要求。

供 电

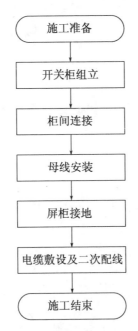

图 6.2.9 AC 35kV 及以下屏柜施工工序流程图

表 6.2.9-1 屏柜安装的允许偏差（mm）

项 目		允许偏差
垂直度（每米）		1.5
水平偏差	相邻两盘、柜顶部	2
	成列盘、柜顶部	5
屏面偏差	相邻两盘、柜面	1
	成列盘、柜面	5
屏柜间接缝		2

5 GIS 开关柜内操作机构灵活、不卡滞，气压值应满足产品规定，母线连接时，仔细检查母线插座和插接头，避免灰尘、湿气及其他污秽影响母线插座、插接头，插接头安装应准确、牢固，连接母线端部应采用专用堵头可靠密封。

6 交直流屏安装完成后，交流接触器、继电器等应动作到位，熔断器及各类仪表应显示正确，进线自动投功能应完整，工作状态指示正确。

7 各类屏柜与基础或构架件间的连接应牢固、可靠，设备内电气连接螺栓紧固后用记号笔画防松标识。

8 空气开关柜、交流屏、低压开关柜等设备电气连接宜采用不锈钢螺栓，并应采用力矩扳手紧固，其紧固力矩值无设计要求时应符合表 6.2.9-2 中的规定。

表 6.2.9-2 母线电气连接紧固力矩值

螺栓规格（mm）	紧固力矩（N·m）	螺栓规格（mm）	紧固力矩（N·m）
8	8.8~10.8	16	78.5~98.1
10	17.7~22.6	18	98.0~127.4
12	31.4~39.2	20	156.9~196.2
14	51.0~61.8	24	274.6~343.2

9 成列屏柜的接地排应保证两点接地。

条文说明

设备与基础宜用螺栓固定，方便拆卸更迭，避免因焊接固定造成设备外壳防腐层损坏，缩短使用寿命。

6.2.10 二次回路配线施工应符合下列规定：

1 引入设备的控制电缆应排列整齐，固定牢固。电缆芯线采用排把布线时，配线整齐、美观，绑扎牢固。

2 引入设备的控制电缆宜采用屏蔽电缆，其屏蔽层应接地，如不采用屏蔽电缆，用其备用芯线中一芯线接地，所内控制电缆宜采用单侧接地，接地点宜设在综合自动化屏侧。

3 控制电缆线芯接线正确、牢固可靠，芯线的端部应套有标明回路编号、两侧端子号的号码管。

4 控制电缆接线时每个接线端子每侧所接芯线不宜超过两根。

5 二次回路配线采用压接、焊接连接时，压接、焊接连接的端子规格应与被压接、焊接的导线直径相互匹配，接线完成后端子排等无断裂变形，接触弹簧片应有弹性。焊接时不应采用酸性助焊剂，焊接完成后，焊点应饱满光洁，且应将残留的助焊剂全部用酒精清理干净。

6.2.11 变电所受电启动施工应符合下列规定：

1 变电所受电启动前应编制受电方案，受电方案报审监理单位、建设单位及其他相关部门并获得批准。

2 变电所受电启动前应要求电气设备试验合格，提供合格的试验报告，所内交、直流操作电源可靠，通信联络设施齐备，安全防护用品及警示标识准备齐全，主要设备的技术文件和图纸准备齐全，各种运行记录簿齐备，受电启动及事故抢修用各类工具和材料准备齐全。

3 变电所受电启动前应确认所有断路器及隔离开关均处于分闸位置，小车式断路器开关柜均处于试验位置，所内各种临时设施和临时电源线路等均已拆除。

4 变电所受电启动前应确认所内开关动作准确无误，闭锁功能符合设计要求，各种信号显示正确，测量仪表指示准确，各种保护装置动作准确可靠，整定值符合设计要求。

5 变压器、开关柜等设备的绝缘电阻应符合设计要求。

6 受电时，需对两路进线电源进行核相，需测量所内电压、相位、相序均符合设计要求。送电后变压器空载运行24h，全所功能无异常。

6.3 接触轨

6.3.1 接触轨工程包括绝缘支持装置安装、接触轨、接地轨及其配件安装、设备安装等工程。

6.3.2 接触轨施工工序流程可按图6.3.2所示流程进行。

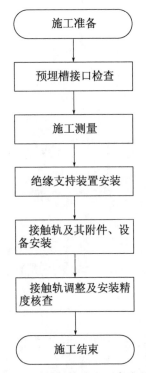

图6.3.2 接触轨施工工序流程图

6.3.3 接触轨由正极接触轨和负极接触轨组成，正极接触轨和负极接触轨应分别通过上网电缆与牵引变电所相连。

6.3.4 在车站线路、车辆基地、故障停留线等有人员上下车区段的负极轨侧，应设置安全接地轨并采取补偿措施。接地轨应可靠接地，接地电阻不应大于4Ω。

6.3.5 绝缘支撑装置安装应符合下列规定：
1 对准槽道位置，以F轨为接触轨安装的基准面。
2 调整绝缘支撑装置姿态，安装T形螺栓、螺母，拧紧螺母，使用力矩扳手按照规定力矩进行紧固。
3 支座固定后，拧紧螺母，锁定绝缘支撑装置仰俯角度。
4 绝缘支撑装置固定完成后，做好安装记录，准备安装下一组支点。

6.3.6 接触轨安装应符合下列规定：

1 接触轨安装前应根据其安装位置运输、摆放到位，非标准接触轨应预先标记，部分区段接触轨需进行预加工处理。

2 接触轨安装过程中，宜利用报审通过的专用机械安全地将施工人员移动到需要安装的位置，形成流水作业。

3 接触轨通过专用工具将接触轨吊装到安装位置，将接触轨挂在绝缘支持装置之上。

4 坡道及弯道安装时应首先预固定起始端的绝缘支持装置，并依次固定其余绝缘支持装置扣件。

5 接触轨的安装位置应满足车辆设备限界。

6 接触轨的支持部件应满足机械强度和绝缘耐压的要求，支持部件的结构应符合设计规范。

7 接触轨安装完成后绝缘支撑装置采用双螺母防松，其中薄螺母在下方，厚螺母在上方，薄螺母拧紧力矩为规定力矩的70%～80%，厚螺母按规定力矩拧紧。

8 安装完成后应用靠尺测量安装精度并记录。

9 曲线段接触轨受流面应与F轨平面保持垂直。

6.3.7 接地轨安装应符合下列规定：

1 接地轨安装前应根据其安装位置运输、摆放到位，非标准接地轨应预先标记，部分区段接地轨需预加工处理。

2 接地轨的安装位置应满足车辆设备限界和靴轨受流匹配的要求。

3 接地轨的支持部件应满足机械强度和绝缘耐压的要求，支持部件的结构应符合设计规范。

4 安装完成后应用靠尺测量安装精度并记录。

6.3.8 中间接头安装应符合下列规定：

1 若两接触轨的高差在允许安装误差范围内，可直接安装中间接头；若两接触轨的高差超过允许安装误差范围，需使用专用工具对中间接头处接触轨进行修配。

2 清洁中间接头接触轨对接接触面，涂抹导电脂，通过专用对接工具，拖动活动端的接触轨，使两接触轨之间的接缝满足安装要求。拖轨到位后按规定力矩拧紧中间接头螺栓。

3 中间接头的接触轨工作面应平顺，受流面高差允许偏差为+2mm，接缝允许偏差为+2mm。膨胀接头伸缩缝受流面高差允许偏差为+3mm，伸缩缝允许偏差为+5mm。

6.3.9 锚固夹板安装应符合下列规定：

1 根据接触轨平面布置图确定绝缘支撑装置位置，安装接触轨时应在对应绝缘支撑装置处。

2 预先装入组装好的锚固内外夹板。将锚固内夹板一端紧靠旋转扣件侧面，按规定力矩要求拧紧螺栓。

6.3.10 膨胀支点安装应符合下列规定：

1 安装绝缘支撑装置，将过渡扣件装入绝缘子组件，按照滑动支点的安装步骤将绝缘支撑装置安装在轨道梁上，调整固定完成后取下过渡扣件。

2 清洁膨胀头接触面，涂抹导电脂，通过专用工具将膨胀头安装固定在绝缘支撑装置上。

3 按照图纸要求安装柔性铜带，按规定力矩拧紧螺栓。

4 伸缩缝尺寸公差5mm，伸缩缝中心应与绝缘支撑装置中心对齐，偏移量允许偏差为+50mm。

6.3.11 分段绝缘器安装应符合下列规定：

1 根据接触轨平面布置图确定分段绝缘器安装位置。

2 调整工作平面，通过垫片将分段绝缘器受流面调整到与接触轨受流面平齐，垫片安装位置为分段绝缘器与接触轨接触面。

3 调整完成后，按照规定力矩拧紧螺母。

4 分段绝缘器受流面调整到与接触轨受流面平齐，安装允许偏差为+0.2mm。接触轨与分段绝缘器接缝允许偏差为+1mm。

6.3.12 隔离开关柜安装应符合下列规定：

1 隔离开关柜施工工序流程可按图6.3.12所示流程进行。

2 隔离开关安装时确认开关的位置、方向符合设计要求，开关在分、合位时，其触头位置应符合产品要求，电动隔离开关操作机构箱的二次回路接线应符合设计文件要求。

3 隔离开关导电部分施工时检查开关触头表面平整、清洁，并涂抹薄层中性凡士林，载流部分的可靠连接不得有破损。

6.3.13 隔离开关触头间接触紧密，接触压力均匀，并用0.05mm×10mm塞尺检查。对于线接触形式的隔离开关，塞尺应塞不进去；对于面接触形式的隔离开关，接触宽度为50mm及以下时，塞尺塞入深度不应超过4mm，接触宽度超过50mm时，塞尺塞入深度不应超过6mm。

6.3.14 避雷器安装应符合下列规定：

1 避雷器安装前应确认瓷件无裂缝、破损，瓷套与法兰间的粘合应牢固，组合单元应经试验合格，底座绝缘应良好。

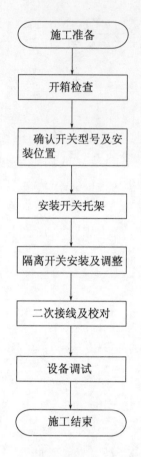

图 6.3.12 隔离开关柜施工工序流程图

  2 避雷器安装位置、规格、型号、引线方式应符合设计要求，引线连接正确牢固，并预留因温度影响的变化长度。
  3 避雷器的工频接地电阻值不应大于 10Ω。
  4 避雷器安装应竖直，支架水平，连接牢固可靠。

6.4 电缆线路

6.4.1 电缆线路工程包括变电所外电源电缆、所内电缆、区间环网电缆、上网电缆、所间联跳电缆等电缆敷设。

6.4.2 电缆敷设施工工序流程可按图 6.4.2 所示流程进行。

6.4.3 电缆在运输装卸过程中，不应损伤电缆及电缆盘，电缆盘不应平放运输、储存，电缆盘滚动时应顺着电缆盘上的箭头指示方向。

6.4.4 电缆进场后应确认电缆型号、长度符合订货要求，电缆外观不应受损，电缆封端应严密并对电缆进行绝缘测试。

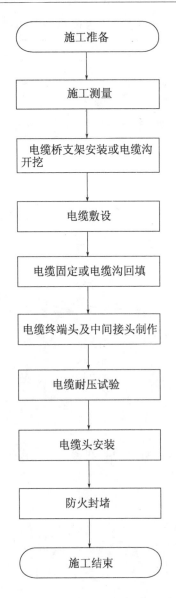

图6.4.2 电缆敷设施工工序流程图

6.4.5 电缆线路工程施工前应根据施工图对电缆路径进行实测，并根据测量数据进行电缆配盘。

6.4.6 电缆在终端头及中间接头附近应留有备用长度，高压电缆不宜小于5m，低压电缆不宜小于3m，电缆应在电缆路径全长上预留1%~1.5%裕量。

条文说明

电缆接头处故障率在电缆故障中占较大比例，故要求在电缆接头处预留备用长度。电缆敷设裕量可补偿其在各种运行环境温度下因热胀冷缩引起的长度变化。

6.4.7 电缆的最小弯曲半径应满足表6.4.7的要求。

表 6.4.7 电缆最小弯曲半径

电缆形式		多 芯	单 芯
控制电缆		10D	—
橡皮绝缘电力电缆	无铅包、钢铠护套	10D	
	裸铅包护套	15D	
	钢铠护套	20D	
聚氯乙烯绝缘电力电缆		10D	
交联聚氯乙烯绝缘电力电缆		15D	20D

注：表中 D 为电缆外径。

条文说明

电缆最小弯曲半径引自现行国家标准《电气装置安装工程 电缆线路施工及验收标准》（GB 50168）。

6.4.8 电缆敷设时，电缆应从盘的上端引出，在敷设路径上铺放滑轮，不得使电缆与地面、支架摩擦，电缆不应有铠装压扁、绞拧、护套磨损等机械损伤。

6.4.9 电缆敷设时不宜同层交叉，应排列整齐，加以固定，并及时装设标志牌。

6.4.10 电缆在支架上敷设时应符合下列规定：

1 电力电缆与控制电缆宜敷设在不同支架上，当应敷设在同一支架上时，高、低压电力电缆和控制电缆应按由上而下的顺序分层配置。

2 普通支架上电缆不宜超过一层，桥架上控制电缆不宜超过三层，电力电缆不宜超过二层。

3 电力电缆敷设于利用疏散平台承载的电缆支架上时，每 10 个电缆支架中宜设一个刚性固定，敷设完成后需进行限界检测。

6.4.11 电缆穿管敷设时应符合下列规定：

1 电缆管内壁光滑，管口无毛刺及尖锐棱角。

2 每根电缆管的弯头不应超过 3 个，直角弯不应超过 2 个。

3 引至设备的电缆管管口位置应便于连接及拆装，并列敷设的电缆管管口应排列整齐，露出地面的电缆管宜超过地面为 100~300mm。

4 电缆保护管内径不应小于电缆外径的 1.5 倍。

5 电缆管内电缆数量应符合设计要求；交流单芯电缆不得单根穿入未分割磁路的钢管内。

6.4.12 电缆在桥梁上敷设时应符合下列规定：

1 桥上使用的支架或电缆槽道的规格、型号、质量应符合设计要求，支架和钢制槽道应进行防腐处理。

2 电缆槽道应平直，转弯等过渡组件应配合严密。

3 桥墩两端、桥梁接缝处的电缆应留有裕度，并做好减振措施。

4 桥梁两端的电缆应穿钢管保护，出入口及管口处应密封，引下钢管应有防止雨水渗入路基的措施，上下桥墩的电缆槽或保护管宜在距地面 2.5m 内做水泥包封处理。

5 阳光直晒处电缆宜采取罩、盖等遮阳措施。

6.4.13 上网电缆敷设时应符合下列规定：

1 电缆连接接触轨前应固定牢固，连接处不得受力。

2 电缆敷设时宜横平竖直，转弯处弯曲半径不应小于电缆最小弯曲半径。

3 电缆宜采用人工展放敷设，电缆落地处应铺放地滑轮。

条文说明

上网电缆为直流电缆，一般无铠装外护套，因此施工时宜采用人工展放敷设方式。

6.4.14 电力电缆中间接头的布置应符合下列规定：

1 并列敷设的电缆，其中间接头的位置宜互相错开。

2 电缆中间接头处应有防止机械损伤的保护盒。

6.4.15 电缆标志牌的装设应符合下列规定：

1 在电缆终端头、转弯处、夹层进出口处、竖井的两端等地方应装设电缆标志牌。

2 标志牌上应注明线路编号，当无编号时应标明电缆型号、长度及起讫点，并联使用的电缆应有顺序号。

3 标志牌规格统一，字迹清晰不易脱落，悬挂牢固。

6.4.16 电缆头的制作应符合下列规定：

1 电缆附件的规格、型号应与电缆一致，主要性能应符合相应国家标准、行业标准的规定。

2 电缆终端头和中间接头应有密封防潮、防止机械损伤的保护措施；6kV 以上电缆接头处有改善电缆屏蔽端部电场集中的有效措施。

3 电缆头制作完成后绝缘良好，试验合格，各带电部分距离符合相应电压等级规定。

4 电缆头应固定牢固，电缆固定后接线端子不得受力。

6.5 动力与照明

6.5.1 动力与照明工程包括车站、车辆段内室内外配电箱安装、动力配线及照明等。

6.5.2 动力与照明施工工序流程可按图 6.5.2 所示流程进行。

图 6.5.2 动力与照明施工工序流程图

6.5.3 电缆管线应符合下列规定：

1 进入建筑物、构造物内的电缆配管应和建筑施工同步进行，混凝土浇筑处提前预埋。

2 电缆管线与通风、水管等之间的最小净距应满足表 6.5.3 的要求。

表 6.5.3 电缆管线与通风、水管等之间的最小净距

敷 设 条 件		净距（mm）
电缆明敷与其他管道间	平行	200
	交叉	100
电缆穿管敷设与其他管道间	平行	100
	交叉	50

3 电缆管线的固定支架安装牢靠，在经过建筑物的伸缩缝和沉降缝处应有补偿装置，在跨越处的两侧应将导线固定，并留有适当裕量。

4 电缆管线穿越墙面、配电箱、开关柜时,其孔洞应采用防火材料封堵。

6.5.4 电缆桥架安装应符合下列规定:
1 电缆支架应固定牢固、横平竖直,紧固件具有抗震、耐腐蚀、对基材破坏小的特点。支架层间的垂直净距和安装要求应符合本规范第6.2.6条相关规定。
2 电缆桥架安装时宜根据现场情况选取最佳跨距进行支撑,水平敷设时跨距宜为1.5~3m,垂直敷设时跨距不宜大于2m。
3 除在专用电缆通道内桥架距离地面的高度不宜低于2.5m。
4 金属制桥架系统应可靠接地。

6.5.5 配电箱的安装应符合下列规定:
1 动力配电箱安装高度为配电箱底边距地1.4m;箱内配线无绞接现象,元器件、回路编号正确、齐全,端子排接线整齐。箱内外清洁,油漆完整,箱面标牌正确,箱盖开关灵活。暗式配电箱箱盖紧贴墙面。
2 配电箱及相关回路安装完成后,需先用万用表检测线路通断,再用500V兆欧表对线路进行绝缘测量,相线与零线之间、相线与地线之间、零线与地线之间的绝缘电阻应大于0.5MΩ。
3 落地式配电柜安装要求应符合本规范第6.2.9条的规定。

6.5.6 电缆敷设应符合本规范第6.4节的相关规定。

6.5.7 灯具安装应符合下列规定:
1 灯具的型号及安装形式、高度应符合设计要求,照明灯具金属外壳均应接地。
2 同一室内成排安装的灯具应排列整齐,其中心允许偏差为±5mm。
3 当灯具质量大于3kg时,应采用预埋吊钩或螺栓固定,当软线吊灯具质量大于1kg时,应增加吊链。
4 固定花灯的吊钩直径不应小于灯具吊挂销、钩的直径,且不应小于6mm。
5 采用钢管做灯具吊杆时,钢管的内径不应小于10mm,钢管壁厚度不应小于1.5mm。
6 在变电所内,高、低压柜,变压器及外露带电体设备的正上方,不应安装灯具。
7 灯具不应直接安装在可燃构件上,当灯具高温部位靠近可燃物时,应有隔热、散热措施。

6.5.8 嵌入顶棚内的装饰灯具安装应符合下列规定:
1 灯具应固定在专设的框架上,灯线不应贴近灯具外壳,并有裕量,固定灯罩的边框边缘应紧贴在顶棚面上。
2 日光灯管组合的灯具,灯管排列应整齐,其金属间隔片不应有弯曲扭斜。

3 矩形灯具的边缘应与顶棚面的装修直线平行，当灯具对称安装时，其纵横中心轴线应在同一条直线上，偏斜不应大于5mm。

6.5.9 插座及开关的安装符合下列规定：
1 插座及开关的型号、安装方式应符合设计要求。
2 插座安装高度距地面不宜小于0.3m，特殊场所暗装的插座不应小于0.15m。开关边缘距门框的距离宜为0.15~0.2m，开关距地面高度宜为1.3m。同一室内同一高度安装的插座及开关高度差不宜大于5mm，并列安装的插座及开关高度差不宜大于1mm。
3 插座接线时，单相双孔插座，面对插座的右孔接相线，左孔接零线。单相三孔及三相四孔的接地或接零线均应在上方，盖面应端正。
4 暗装插座及开关盖板应端正，并紧贴墙面。
5 同一场所的交、直流或不同电压的插座应有明显标识，且其插头与插座不能互相插入，同一场所的三相插座，其接线的相位应一致。
6 同一场所的开关应安装一致，且操作灵活，接点接触可靠，搬把开关应为上合下分，切断位置应一致。安装高度符合设计要求。

6.6 电力监控

6.6.1 电力监控施工包括变电所子站、调度所主站设备安装、电缆敷设及调试等工程。

6.6.2 电力监控工程施工工序流程可按图6.6.2所示流程进行。

6.6.3 电力监控主机功能应满足下列规定：
1 监控主机的控制、测量、信号显示功能应符合设计要求。
2 所有回路的保护装置能够自动记录定值修改及保护装置的动作状况，并在监控主机中形成事件报告，供随时查询。
3 馈出线保护装置在馈出线出现故障时应能够自动形成故障波形、故障报告等一系列事件报告，并在当地监控主机中自动保存，供随时查询。
4 在电力监控主机上可以任意查询和打印本变电所的所有按规定保存的操作记录、越限记录、事件记录及其他历史记录。

6.6.4 电力监控系统工程施工时，设备安装单位应与房屋施工方配合，设备安装、调试时室内环境应满足下列条件：
1 电力监控设备安装前，室内装修全部完工，设备基础预埋件、预留设备基础孔洞符合设计要求。
2 电力监控设备调试前，实验室内通风、空调投入使用，满足设备运行条件。

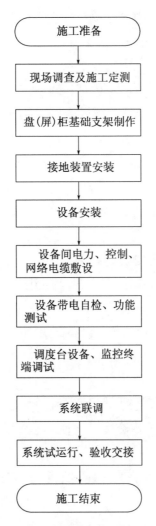

图 6.6.2 电力监控系统工程施工工序流程图

6.6.5 电力监控系统设备安装应满足下列条件：

1 屏柜与基础连接宜采用螺栓固定或压板连接且牢固可靠，安装流程应符合本规范第 6.2.9 条相关规定。

2 屏柜内安装的元、器件应完好无损，牢固可靠，插接件应紧密接触且有防松措施。

6.6.6 电力监控系统施工时应做好隐蔽工程记录、设备安装调试记录和各工序完成后的质量检查记录。

6.6.7 电力监控系统设备调试前应对硬件设备进行全面检查，系统调试应在单机设备正常的情况下进行。

6.6.8 电力监控设备电源单元的输入、输出电源的极性和电压值应满足产品的技术要求。

6.6.9 遥控、遥信、遥测单元测试应逐位进行,所有测试结果应正确、遥控动作可靠,遥控单元的测试分单独控制和程序控制。

6.6.10 电力监控系统切换功能检查应按下列要求进行:
1 主备机的切换:模拟在线故障,应自动和手动切换,备机投入运行。
2 主备通道的切换:模拟通道故障,应自动和手动将故障通道切断,备用通道投入运行。
3 系统外设的主备切换:模拟外设故障,应自动和手动切换,备用外设投入运行。

6.6.11 监控系统计算机辅助存储装置的调试项目,应符合下列规定:
1 对全部存储器地址进行反复读写检查,24h 不出现差错。
2 信息保护、故障报警显示及出错检查功能正常。

6.6.12 数据传输通道调试项目,应符合下列规定:
1 装置的负载能力,负载变化时,输出电平符合设备技术文件规定。
2 信息传输功能正常。
3 定时监视的振荡器频率和监视时间符合设计要求。
4 数据传输通道的有效信号衰减及噪声度符合设计要求。

6.6.13 电力监控系统基本功能试验,应按现行国家标准《地区电网调度自动化系统》(GB/T 13730)要求进行,系统功能应符合设计要求。

6.7 防雷与接地

6.7.1 防雷与接地包括供电工程内电气设备接地、接地网敷设、接地体连接等工程。

6.7.2 变电所内环墙接地干线、电缆桥支架接地施工工序流程可按图 6.7.2 所示流程进行。

6.7.3 电气装置的下列金属部分,均应接地或接零:
1 变电所内变压器、屏柜、配电箱、开关柜金属底座和外壳。
2 室内外配电装置的金属、钢筋混凝土构架以及靠近带电部分的金属遮栏和金属门。
3 电力电缆的铠装层、屏蔽层。
4 电缆金属穿线管、桥架、支架。
5 承载电气设备的构架和金属外壳。

6.7.4 接地干线、支线及接地引线敷设位置、规格及长度应符合设计要求。

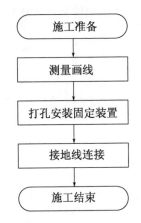

图 6.7.2 变电所内环墙接地干线、电缆桥支架接地施工工序流程图

6.7.5 建筑施工单位移交的综合接地点的接地电阻值应符合设计要求。

6.7.6 接地体（线）的焊接应采用搭接焊，其搭接长度应符合下列规定：
1 扁钢为其宽度的2倍且不宜少于3个棱边焊接。
2 圆钢为其直径的6倍。
3 圆钢与扁钢连接时，其长度为圆钢直径的6倍。
4 扁钢与钢管、扁钢与角钢焊接时，应将扁钢弯成弧形与钢管焊接。

6.7.7 接地体（线）的连接采用焊接时焊接应牢固无虚焊。电气设备上的接地线宜用螺栓连接并设防松螺帽或防松垫片。不同材料接地体间的连接应进行处理。

6.7.8 接地体顶面埋设深度应符合设计要求，当无规定时，不应小于600mm。垂直接地体的间距不宜小于其长度的2倍。水平接地体的间距应符合设计要求，当无设计要求时不宜小于5000mm。

6.7.9 电气装置应设专用接地线与接地汇流排或接地干线相连接，不应同一接地线中串接几个需要接地的电气装置。设备和设备构架应有两根与主地网不同地点连接的接地引下线，且每根接地引下线均应符合热稳定及机械强度的要求，连接引线应便于定期进行检查测试。

6.7.10 接地系统由多个分接地装置部分组成时，应按设计要求设置便于分开的断接卡子，自然接地体与人工接地体连接处应有便于分开的断接卡系统，断接卡应有保护措施。

6.7.11 接地系统中的人工接地体，导体截面除应符合热稳定、均压和机械强度的要求外，还应满足表6.7.11的要求。

表 6.7.11 钢接地体和接地线的最小规格

类型		地上		地下	
		室内	室外	交流电流回路	直流电流回路
圆钢直径（mm）		6	8	10	12
扁钢	截面（mm²）	60	100	100	100
	厚度（mm）	3	4	4	6
角钢厚度（mm）		2	2.5	3.5	6
钢管管壁厚度（mm）		2.5	2.5	3.5	4.5

6.7.12 变配电室内明敷接地干线安装应符合下列规定：

1 接地线的安装位置应合理，便于检查，无碍设备检修和运行巡视。

2 墙体表面接地线应水平或垂直敷设，不应有高低起伏及弯曲，不应妨碍设备的拆卸与检修，并便于检查。

3 接地线沿墙壁水平敷设时，距离地面高度宜为 250～300mm，与建筑物墙壁间的间隙宜为 10～15mm，支持件的间距宜为 500～1500mm，垂直敷设时支持件的间距宜为 1500～3000mm，转弯部分支持件的间距宜为 300～500mm。

4 设备检修需挂临时接地的位置，均应引入接地干线，并应设有不少于 2 个的临时接地端子，并标识接地符号。

5 当接地干线跨越建筑物伸缩缝、沉降缝处时，应设补偿装置。

6 接地干线表面沿长度方向，分别涂以黄色和绿色相间的条纹，每段为 150～200mm，引向建筑物的入口处，应标识黑色接地符号，同一接地体不应出现两种不同的标识。

6.7.13 当电缆穿过零序电流互感器时，电缆头的接地线应通过零序电流互感器后接地。

6.7.14 电缆桥架、支架在多个区域连通时，在连通处电缆桥架、支架接地线应设置便于分开的断接卡子，并有明显的标识。

6.7.15 金属电缆桥架的接地应符合下列规定：

1 电缆桥架连接部位宜采用两端压接搪锡铜接线端子的铜绞线跨接，铜绞线截面积不应小于 4mm²。

2 电缆桥架间连接板的两端不跨接接地线时，连接板每端应有不少于 2 个有防松螺帽或防松垫圈的螺栓固定。

6.7.16 变电所亭之间应设综合贯通地线，地线宜在区间贯通电缆支架上敷设，F

轨、接触轨避雷器等防雷接地系统不宜与综合地线连接。

6.8 系统接口

6.8.1 供电工程接口包括与土建、通信、信号、通风与空调、综合监控等其他工程的接口。

6.8.2 供电工程与土建工程接口应满足下列规定：
1 设备基础预留孔洞、电缆沟槽的尺寸、位置符合设计及设备安装要求。
2 设备用房地面应做防尘处理，电缆夹层应做防水处理。
3 设备用房、桥梁等预留接地端子位置及工频测试电阻应符合设计及设备安装要求。
4 设备用房、走廊及电缆通道的净空距离应满足设备安装、综合吊支架安装要求。
5 接触轨绝缘子安装滑槽预埋的深度及位置应当符合设计及设备安装要求。

6.8.3 供电工程提供其他工程用电设备上级配电箱，配电箱出线端至设备电缆由用电设备安装单位完成施工。

6.8.4 供电设备电力监控系统通道应由通信工程提供，供电工程施工单位应将光缆或网线连接至通信指定位置。

6.9 调试试验

6.9.1 调试试验包括电气设备交接试验、电缆耐压试验等。

6.9.2 供电工程中电气设备交接试验满足现行国家标准《电气装置安装工程 电气设备交接试验标准》（GB 50150）规定。

6.9.3 电气试验应满足下列规定：
1 调试方案编制完成并通过相关单位审核。
2 试验现场具备稳定可靠试验电源。
3 电气设备的绝缘性能试验宜在良好天气，被试物与环境温度不低于5℃，空气相对湿度不高于80%的条件下进行。
4 工频交流耐压试验持续时间，均为1min。
5 工频绝缘电阻值采用兆欧表摇测60s时的绝缘电阻值。
6 对进口设备的交接试验，应按合同规定的标准执行。

6.9.4 直流开关调试试验应符合下列规定：

1 开关本体及灭弧罩的绝缘电阻、打开距离及闭合状态等性能应符合产品技术条件要求，不应有虚点接触现象。

2 开关的动作试验应在直流操作母线额定电压值下分、合 3 次，断路器动作应正常。

6.9.5 变电所控制、信号与保护功能试验应符合下列规定：

1 控制、信号功能试验应按手动、电动，就地、集中，单台、联动次序进行。

2 保护功能试验应采用模拟形式，模拟信号宜接近真实情况，其试验项目应符合设计要求。

3 控制应正确，动作应可靠，信号显示应无误、设备无异常现象。

6.9.6 接触轨测试应符合下列规定：

1 接触轨电阻应满足设计要求。

2 膨胀接头电阻应满足设计要求。

3 接触轨绝缘电阻试验应按供电分段进行，并应满足设计要求。

6.9.7 接触轨冷滑行试验时应符合下列规定：

1 接头应平滑。

2 端部弯头、侧面弯头的安装应符合设计要求。

3 隧道内直流开关柜（箱）及跨越隧道顶部的电缆安装牢固，且不侵入设备限界。

6.9.8 接触轨短路试验应符合下列规定：

1 变电所、接触轨单体、试验完成。

2 各种保护装置含直流断路器大电流脱扣已经完成测试，并已按保护整定值通知单完成整定。

3 短路试验所需接地极安装完成并符合测试要求。

4 试验区段的轨行区已经完成施工清场工作。

5 所有的试验仪器仪表、试验设备和试验人员已经就绪。

6.9.9 电力监控系统联合调试前应符合下列要求：

1 电力监控通信通道测试合格。

2 电调电话测试合格并交付使用。

3 调度台及监控终端的电源稳定可靠。

4 电力设备的电气交接试验合格且调试完毕。

6.9.10 遥控试验应按单独控制和程序控制分别进行测试：

1 遥控操作前应确认被控站监控屏在远方位，测试过程中应对开关本体、被控站显示屏及监控站显示进行观察，确保测试正确。
2 单独控制试验：在监控站依照遥控对象表逐个遥控操作对被控对象，被控对象应动作可靠，显示正确。
3 程序控制试验：根据程序控制卡片遥控操作对被控对象，被控对象应动作可靠，显示正确。

6.9.11 遥信试验应按位置遥信试验和事故遥信试验分别进行测试：
1 测试前应确认被控站监控屏在远方位，测试过程中应对开关本体、被控站显示屏及监控站显示进行观察，确保测试正确。
2 位置遥信应依照遥信对象表逐个进行确认，被测对象显示正确。
3 事故遥信应依照事故遥信对象表逐个在被控站保护盘上模拟故障，监控站音响报警，显示屏幕显示故障站名、故障种类和故障对象，被控站应与模拟盘上相一致，对象灯应闪光，打印机应正确打印事故记录。

6.9.12 遥测试验应按照遥测对象表按下述内容逐个进行试验，遥测误差应满足设计文件要求：
1 使用继电保护测试仪在柜体端子上加模拟量，监控站读取模拟显示正确，精度满足设计要求。
2 脉冲遥测试验宜在被控站输出端用瞬时短接的方法产生脉冲，监控站读取脉冲批遥测值。

6.9.13 电力监控系统计算机中央处理装置的调试，应符合下列规定：
1 电源回路绝缘电阻、直流输出电压及时钟的脉冲周期和脉宽、周期和脉冲偏差。
2 应符合产品技术文件的要求。
3 中央处理装置的开机自控、运算控制程序、主存储器、各类中断、信息保护及双机切换等功能应正常。

6.9.14 冷滑试验与热滑试验应符合下列规定：
1 冷滑试验前，应进行限界检测，确保全线限界达到要求后方可进行冷滑试验。
2 冷滑试验用车可根据正式运行车辆靴轨关系，将受电靴安装在冷滑试验车上，在适当的位置安装视频摄像头。
3 热滑试验前应确认试验区段接触轨系统绝缘可靠，冷滑试验时发现影响送电的各项缺陷已克服完毕，送电后，各供电臂始、末端应确保有电且电压正常。
4 热滑试验分高中低三个速度等级，第一个速度等级为20~40km/h，第二个速度等级为40~60km/h，第三个速度等级为60~80km/h。接触轨受流面上滑行应平顺，无碰靴、刮靴现象。对有火花的位置作好记录，热滑后应进行检查处理。

7 通信

7.1 一般规定

7.1.1 通信工程应包括通信线路、通信管槽、设备安装及缆线布放、防雷接地系统、设备单机调试等。

7.1.2 通信工程应符合现行国家标准《城市轨道交通通信工程质量验收规范》（GB 50382）等相关规定。

7.1.3 通信工程应与房建专业密切配合，检查房建专业预留孔洞是否符合要求，根据房建进度进行管线预留预埋。

7.1.4 轨行区支吊架、光电缆、轨旁设备等安装不应侵入设备限界。

7.1.5 中心机房扩容、新旧设备倒替、新旧线路割接等改扩建工程，应制定专项施工方案，报监理、运营单位审批后方能进行施工。

7.2 通信线路

7.2.1 通信线路施工内容主要包括径路复测、光电缆单盘检验、光电缆敷设、光电缆接续及引入成端、光电缆测试等。

7.2.2 光电缆敷设施工工序流程可按图 7.2.2 所示流程进行。

7.2.3 径路复测应符合下列规定：
1 根据设计图纸，按照光电缆的路径实际测量光电缆长度。
2 检查沿线电缆槽道贯通情况及电缆支架安装情况。
3 复核区间终端设备安装位置。
4 确认穿越各类建筑物的方式和防护措施。

7.2.4 光缆单盘检验应符合下列规定：

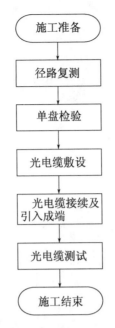

图 7.2.2 光电缆敷设施工工序流程图

1 型号、规格、技术参数、数量等符合设计文件和相关技术标准规定。
2 合格证、质量检测报告等质量证明文件以及说明书等技术资料应齐全。
3 光电缆应无压扁、护套损伤、表面严重划伤等缺陷。
4 光缆单盘检验应根据出厂记录对照实物检查光缆程式、光纤、绝缘介质、加强芯、外护层、色谱标识及其他机械物理特性，利用OTDR测试光缆损耗等特性，并做好检验记录。

7.2.5 电缆单盘检验应符合下列规定：
1 电缆单盘检验时应开盘检验光电缆端面，确定A、B端，并做好标识。
2 电缆单盘检验应根据出厂记录对照实物检查电缆程式、芯径、绝缘介质、外护层、色谱标识及其他机械物理特性。
3 利用万用表对号检测所有芯线应无断线、混线等问题，测量芯线环阻。
4 利用兆欧表测量单根芯线对其他芯线及金属护套的绝缘电阻，并做好检验记录。

7.2.6 光电缆敷设应符合下列规定：
1 光电缆应按照A、B端顺向敷设，分侧固定在安装于疏散平台两侧的弱电电缆支架上。
2 光电缆采取直埋方式施工时，敷设径路、埋深、防护方式应符合设计文件要求。
3 漏泄同轴电缆支架采用防松螺栓固定在疏散平台两侧预留的孔洞上；漏缆的开口方向应面向列车；漏缆的直流电气性能指标应符合现行行业标准《铁路通信漏泄同轴电缆》（TB/T 3201）的要求。
4 光缆的弯曲半径不应小于光缆外径的15倍，市话电缆的弯曲半径不应小于电缆外径的 10 倍，漏泄同轴电缆、馈线的弯曲半径不应小于电缆外径的 15 倍。

5 光电缆在桥梁伸缩缝、引入井、接头处应设置余留，且余留长度不宜小于 3m。

6 光电缆施工过程中应做好成品/半成品保护，宜安排人员定期巡视区间线路，了解线路设备情况，当有异常情况时，应及时采取措施确保光电缆及区间设备安全。

7.2.7 光缆接续及引入成端应符合下列规定：

1 光缆接续时宜搭建帐篷或在专用接续车内进行，不应露天作业，在雨天、雾天不应进行光缆接续。

2 光纤接续时应按光纤色谱，一一对应接续；接续点应用热熔管进行保护，加强管收缩应均匀、无气泡；接线完成后，光纤盘留时盒内光纤的弯曲半径不应小于 40mm，盒内应放入接续记录卡片；熔纤盒覆盖后，应对所有芯线接续点进行复测。

3 接头处光缆的金属外护套和加强芯应固定在接头盒内，两侧应电气绝缘断开处于悬浮状态。

4 光缆接头盒安装应严格按操作流程进行，安装完毕后盒体应密封良好；光缆接头盒应固定在专业支架上，且排列整齐、美观。

5 光缆接头装置应以一个中继段为单位自上行往下行方向顺序编号；光缆引入室内后应挂牌标识，标明光缆的型号、规格、进出方向等，标识应齐全、清晰、耐久可靠。

6 在 ODF 架进行光纤成端时，光纤应绑扎松紧适度、排放整齐，引出机架的尾纤应加以防护，并在尾纤及机架端子分配表上标明方向和纤号。

7.2.8 电缆接续及引入成端应符合下列规定：

1 电缆接续施工应搭建工作平台。

2 电缆接续应线位准确、焊接牢固、扭绞均匀，两侧芯线线序一一对应。

3 电缆接头盒安装应严格操作工艺进行，安装完毕后应对盒体密封性进行检查。

4 电缆引入成端时，应开剥整齐、编把美观，芯线卡接牢固、序号正确，电缆弯曲半径应大于电缆外径的 10 倍，外护套及金属屏蔽层端部宜用热缩管缩封等措施防止油膏渗漏。

5 电缆接续余留应符合相关要求，电缆接续前应进行单条电缆测试，确认电缆内所有芯线应无断线、混线且绝缘良好。

6 电缆引入室内后应挂牌标识，标明电缆的型号、规格、进出方向等，标识齐全、清晰、耐久、可靠。

7.2.9 光电缆测试应符合下列规定：

1 光缆线路中继段光纤衰耗应小于设计文件计算值。

2 光缆线路在一个中继段内，每根光纤的背向发射曲线应平滑、阶跃反射峰，1310nm、1550nm 波长时单模光纤接续损耗平均值不应大于 0.02dB，多模光纤接续损耗平均值不应大于 0.08dB。

3 测试铜芯聚烯烃绝缘铝塑综合护套市内通信电缆直流电特性指标应符合现行行业标准《铜芯聚烯烃绝缘铝塑综合护套市内通信电缆》（YD/T 322）的相关规定。

条文说明

本条参考现行行业标准《同步数字体系（SDH）光缆线路系统测试方法》（GB/T 16814）的相关规定。

7.3 通信管槽

7.3.1 支架、吊架安装应符合下列规定：

1 支架、吊架的安装位置、方式符合设计要求；不应安装在具有较大振动、热源、腐蚀性液体及排水污沟道的位置。

2 支架、吊架安装应横平竖直、整齐美观、连接牢固且不应侵入设备限界；

在同一直线段上的支架吊架应间距均匀，水平安装时间距宜为 0.8～1.5m，垂直安装时间距宜为 1m；同层托臂应在同一水平面上。

7.3.2 走线架（槽）安装应符合下列规定：

1 走线架（槽）的安装位置及方式应符合设计要求，安装应横平竖直、排列整齐，连接处应对合严密，与机架连接处应垂直并连接牢固。

2 当线架（槽）的直线长度超过 50m 时宜采取热膨胀补偿措施，走线架（槽）经过建筑沉降缝或伸缩缝时应预留变形间距。

3 走线架（槽）的上部应留有便于操作的空间。当走线架（槽）拐直角弯时，其弯头的弯曲半径不应小于槽内最粗电缆外径的 10 倍。

4 金属线槽应接地，接缝处应有连接线或跨接线。预埋线槽时，线槽的连接处、出线口、分线盒，均应做防水处理。

7.3.3 保护管安装应符合下列规定：

1 保护管及配件的防腐措施应符合设计要求；保护管不应有变形及裂缝，内外壁应光洁无毛刺，管口应光滑、无锐边。

2 保护管进行弯曲处理时，弯曲角度不应小于 90°，弯曲半径不应小于管外径的 6 倍，弯扁度不应大于管外径的 1/10；弯曲处应无凹陷、裂缝。

3 保护管明敷时应排列整齐、固定牢固，管卡或吊杆之间的间距应符合设计要求。

4 保护管埋入墙体或混凝土内时宜采用整根材料，需连接时应在连接处进行防水处理；安装经过建筑沉降缝或伸缩缝时应预留变形间距。

5 保护管管口应采用防火材料进行密封处理，预埋保护管管口应进行防护处理。金属保护管连接后应保证整个系统的电气连通性并可靠接地。

7.4 设备安装及缆线布放

7.4.1 设备安装及缆线布放施工内容主要包括机柜（架）安装、走线架（槽）安装、缆线布放、前端和终端设备安装、设备配线等。

7.4.2 设备安装及缆线布放施工工序流程可按图7.4.2所示流程进行。

图7.4.2 设备安装及缆线布放施工工序流程图

7.4.3 机柜（架）安装应符合下列规定：

1 机柜（架）安装位置、方式和数量符合设计要求；机柜（架）有抗震设计要求时，机柜（架）的抗震加固措施应符合设计要求。

2 机柜（架）底座安装平稳、牢固，机房内铺设防静电地板时，机柜底部应与静电地板等高。

3 机柜（架）安装位置、机面朝向、间距及总体布局应符合设计要求；机柜（架）与底座间应敷设绝缘板，并与机柜连接牢固；机柜（架）安装应横平竖直、端正稳固且与地面垂直，在主通道侧的机柜（架）纵向侧面应在同一条直线上，横向同排机柜（架）的正立面应在同一平面上。

7.4.4 走线架（槽）安装应符合本规范第7.3.2条的规定。

7.4.5 线缆布放应符合下列规定：

1 电源线与数据线、控制线应分槽布放；电源线与数据线、控制线交叉布放时应垂直；平行布放时相互之间的距离不应小于50mm。

2 各种线缆应均匀绑扎固定，按顺序出线；布放应顺直、整齐，无扭绞；芯线中间不应错线、断线、混线，两端标志齐全、准确。

3 线缆弯曲应圆滑，弯曲半径符合下列规定：

1）大对数市话电缆的弯曲半径应大于电缆外径的 10 倍。

2）非屏蔽对绞电缆的弯曲半径应大于电缆外径的 5 倍。

3）射频同轴电缆的弯曲半径应大于电缆外径的 15 倍。

4）光纤跳线的弯曲半径应大于 50mm。

7.4.6 前端和终端设备安装应符合下列规定：

1 室外视频杆基础的埋深、浇筑方式和强度符合设计要求及相关技术标准；视频杆体安装时，宜借助疏散平台连接孔位减小杆体晃动，区间疏散通道摄像机用自攻螺栓固定在下桥通道铁板上，摄像机正对入口。

2 摄像机、扬声器、时钟、乘客信息显示屏、站台监视器等前端设备的安装位置及方式应符合设计要求。

3 时钟、摄像机、乘客信息显示屏、站台监视器等设备应无明显遮挡且不受外来光直射。

4 站台监视器应安装于列车停靠位置正对司机车门站台墙壁上，安装高度以司机观察角度最佳为宜。

5 安装标准时钟信号接收单元时，接收天线周围应无明显遮挡物。

7.4.7 区间无线设备安装应符合下列规定：

1 天线杆（塔）构件的镀锌层应均匀光滑、不翘皮、无腐蚀。

2 天线杆（塔）的基础深度、高程及塔靴安装位置应符合设计要求；基础混凝土的强度等级、所用原材料的规格应符合设计要求；基础钢筋的绑扎方式、间距、预埋螺栓的安放位置符合设计要求；基础顶面平整，塔靴与基础面紧密贴合，水平误差范围不大于 3mm；地脚螺栓露出基础顶面长度符合杆（塔）安装要求。螺栓应垂直、不变形。

3 天线杆（塔）塔靴与基础预埋螺栓连接牢固，所有连接螺栓均应做防松处理；所有焊接部位应牢固，无虚焊、漏焊等缺陷；铁塔塔身与基础连接螺栓应采取防盗措施。

4 天线加挂支柱高度及方位、平台位置及尺寸、爬梯的设置方式应符合设计要求，安装应牢固可靠。

7.4.8 无线 AP 安装应符合下列规定：

1 天线安装位置、方式和安装高度、间距应符合设计要求，安装应牢固可靠。

2 天线接地应符合设计要求，无线立柱应设置避闪器。

7.4.9 设备配线应符合下列规定：

1 管槽内引出线缆时，应采取线缆保护措施。
2 设备配线采用焊接时，焊接后芯线绝缘层无烫伤、开裂及收缩现象。
3 设备配线采用卡接时，在卡接端子外无露铜，且卡接牢固。

7.5 防雷及接地

7.5.1 通信系统下列部分的防雷接地应符合设计要求：
1 交流配电设备工作接地。
2 室内通信设备金属机架、机壳的保护接地。
3 金属管槽端头的接地。
4 室外通信设备机壳、光缆绝缘节、电缆金属护套和屏蔽层的接地。
5 天线杆塔、室外摄像机立柱的防雷接地。

7.5.2 独立设置的接地装置接地电阻应满足以下规定：
1 安全保护地接地电阻不应大于 4Ω。
2 防雷接地电阻不应大于 10Ω。
3 综合接地体的接地电阻不应大于 1Ω。

7.6 系统接口

7.6.1 通信工程与房建、供电、信号、自动售检票、火灾自动报警、综合监控等系统的接口符合设计要求，并配合相关系统调试，满足系统功能要求。

7.7 单机调试

7.7.1 通信工程单机调试应包含电源系统及接地、传输系统、公务电话系统、专用电话系统、无线通信系统、视频监视系统、广播系统、乘客信息显示系统、时钟系统等。

7.7.2 电源系统及接地的下列内容应符合设计要求：
1 接地电阻。
2 交流输入电源相线与相线直接、相线与零线直接的电压值。
3 交流不间断电源（UPS）的手动与自动倒换功能，自动稳压及稳流功能。
4 UPS设备的切换时间及切换电压值，输出电压、频率、负荷充放电时间。
5 高频开关电源的直流输出电压。
6 高频开关电源整流模块的热插拔功能和 N＋1 热备份功能。
7 蓄电池单体开路电压、浮充电压、内阻。
8 蓄电池组的容量。

7.7.3 传输系统设备的下列功能和性能应符合设计要求：
1 光通道的平均发送光功率、接收光功率、接收机灵敏度。
2 误码性能。
3 光接口和电接口的最大输出抖动、最大输入抖动容限。
4 保护倒换功能和性能。
5 以太网透传、汇聚、二层交换功能和吞吐量、丢包率、时延性能。
6 低速数据接口的端到端误码性能。
7 音频接口的音频特性。
8 网管功能。

7.7.4 公务电话系统设备的下列功能和性能应符合设计要求：
1 业务节点接口（SNI）的V5接口物理层性能。
2 2M接口比特率。
3 业务节点接口（SNI）的V5接口的相关协议。
4 V5.2接口呼叫功能。
5 POTS FXS与POTS FXO模拟电话线接口性能。
6 网管功能。

7.7.5 专用电话系统设备的下列功能和性能应符合设计要求：
1 ISDN接口、Z接口、共总接口、共分接口、磁石接口、音频二/四线等各类接口性能。
2 本局和局间呼叫故障率。
3 音频接口的音频特性。
4 选呼、组呼、全呼、会议呼叫、紧急呼叫、呼叫优先级、呼叫限制、呼叫显示等功能。
5 数字环自愈、掉电直通、主要设备部件冗余倒换、应急电话等功能。
6 录音装置及录音功能。
7 网管功能。

7.7.6 无线系统设备下列功能应符合设计要求：
1 基站设备射频输出功率、发射频偏、调制矢量误差、接收灵敏度指标。
2 直放站设备射频输出功率、输入输出光功率、光接收动态范围、增益指标。
3 网管功能。

7.7.7 视频监视系统设备的下列功能和性能应符合设计要求：
1 摄像机的清晰度、最低照度、信噪比、灰度等级。
2 视频编码器的压缩格式、分辨率、内容完整性。

3 视频存储设备的读写速度、冗余保护。
4 视频服务器的基本配置、热备方式、电源冗余方式、结构模块化和兼容能力。

7.7.8 广播系统设备的下列功能应符合设计要求：
1 播音控制盒的输入输出电平、频率响应、谐波失真、信噪比指标。
2 功率放大器的额定输出电压、输出功率、频率响应、谐波失真、信噪比、输出电平调整率、输入过激抑制能力、输入灵敏度指标。
3 语音合成器的频率响应、谐波失真、信噪比、输出电平、回放时间、播放通道等指标。
4 扬声器的额定功率、输入电压、频率响应、灵敏度指标。
5 广播系统的声场不均匀度指标。

7.7.9 乘客信息系统显示设备的显示分辨率、屏幕亮度、可视角度、响应时间和功耗应符合设计要求。

7.7.10 时钟系统设备的下列功能应符合设计要求：
1 卫星接收设备的接收灵敏度、可同时跟踪最少卫星数、热启动和冷启动捕获时间、定时准确度。
2 母钟或子钟的时、分、秒或日期的显示。
3 校时和时间保持功能。
4 冗余部件自动切换功能。

8 信号

8.1 一般规定

8.1.1 信号工程应包括光电缆线路，固定信号机、发车指示器及按钮装置，列车检测与车地通信设备，室内设备，系统接口，单机调试，防雷及接地等工程。

8.1.2 信号工程开工前应对现场相关接口条件进行检查，施工现场应符合下列规定：
1 施工场地应满足设备运输要求，信号正式电源应可用或具备接入临时电源条件。
2 信号机房门窗应满足移交条件，机房装饰装修宜施工完成，空调设备宜已安装，室内温、湿度等环境应符合信号设备安装的要求。
3 法拉第笼屏蔽、网格地线、接地汇集线应安装完毕，接地端子位置、数量及接地电阻应满足设计要求，防静电地板宜安装完毕。
4 室外沟槽管道宜贯通，疏散平台宜安装完成，电缆架宜安装完成。

8.2 光电缆线路

8.2.1 光电缆线路施工包括径路复测、单盘测试、光电缆敷设及防护、光电缆接续、光电缆引入及成端、箱盒安装及配线、光纤熔接、电缆测试、通道测试等施工内容。

8.2.2 光电缆施工工序流程可按图8.2.2所示流程进行。

8.2.3 光电缆施工前应进行光电缆径路复测，并符合下列规定：
1 根据设计图纸，结合信号设备房及设备安装位置、电缆余留量、电缆实际径路等实地测量光电缆长度。
2 应根据复测结果及时绘制复测台账，进行光电缆配盘工作。

8.2.4 光电缆敷设前，应进行电缆进场检验及单盘测试，并符合下列规定：
1 光电缆型号、规格、长度、端别等物理特性应符合到货清单。
2 单盘光电缆应检查芯线通断，电缆芯线电阻、电容等电气特性应满足现行行业标准《铁路信号电缆》（TB/T 2476）等相关技术标准要求，光缆损耗等光特性应符合相关技术标准。

图 8.2.2 光电缆施工工序流程图

3 电缆单盘测试完成后宜对测试电缆端头进行防潮密封处理。

8.2.5 光电缆敷设应符合下列规定：

1 电缆敷设前，应按程序对土建等相关工程施工的接口、作业面进行验收交接。

2 应按A、B端相接进行敷设，引入室内侧宜为B端、室外侧宜为A端。

3 采用放线架进行电缆敷设时，不应出现电缆触地磨损，高架段电缆敷设时应做好人员安全防护，宜采用专门的放缆车进行布放。

4 非耐寒电缆在环境温度低于-5℃、耐寒护套电缆在环境温度低于-10℃敷设时，应采取加温措施。

5 信号电缆与通信电缆同槽敷设时，信号电缆应敷设在靠线路一侧；信号电缆与通信电缆同支架敷设时，信号电缆应敷设在下部支架。

6 槽架内同时敷设多条线缆时应互不交叉，不应出现强弱电电缆交叉、背扣、急弯现象，如遇其他管线在电缆径路上交越时，管槽间净距离等保护措施应符合相关技术要求，并记录具体位置。

7 综合护套信号电缆敷设的弯曲半径不得小于电缆外径的15倍，应答器数据传输电缆敷设的弯曲半径不得小于电缆外径的20倍，应答器尾缆敷设的弯曲半径不得小于电缆外径的10倍。

8 电缆敷设完成电缆沟进行回填前，应及时通知监理工程师进行检查，合格后方可覆盖并按隐蔽工程施工相关规定填写检查表。

9 应在光电缆两端挂去向牌，标明型号、规格、电缆始终端、长度等信息。

条文说明

电缆敷设前同一区间桥、隧、路基地段电缆支架应已安装，电缆槽及预留的手孔/井应已完成并排水良好；经过手孔、水沟、路堑、边坡、站台等到设备房电缆间的电缆槽、管道应已贯通。

为降低电缆内芯线电容，信号工程相关标准对电缆敷设端别均有详细要求，如《城市轨道交通信号工程施工质量验收规范》（GB/T 50578—2018）第4.5.2条规定如下：

"综合扭绞信号电缆接续应A端与B端相接，相同的芯线组内颜色相同的芯线应相接。"

《高速铁路信号工程施工质量验收标准》（TB 10756—2018）第5.3.2条规定如下：

"光电缆应按A、B端依次顺序敷设。"

8.2.6 光电缆防护分直埋防护、电缆槽防护、电缆托架防护等方式，施工应符合下列规定：

1 直埋电缆沟径路应在电缆径路探测后绘制，电缆径路两端及拐角处应设置电缆手井，电缆防护方式及埋设深度符合设计及相关规定要求。

2 路基段宜采用水泥电缆槽防护，水泥电缆槽与电缆托架连接处、电缆从桥上引入桥下处、电缆由夹层引入设备房处宜采用钢槽进行防护。

3 信号电缆在跨越电力电缆时，应采用钢管防护；电力电缆跨越信号电缆交叉时，电力电缆应采用钢槽或SMC管防护。

4 采用电缆托架防护电缆时，电缆应排列整齐，采用防腐、防锈材料绑扎在电缆支架、爬架上。

5 桥上电缆引下时，应采用防腐钢槽防护，电缆入槽后宜用电缆固定卡固定。

条文说明

通信信号电缆同电缆支架排放时，宜参照图8-1进行。

《高速铁路信号工程施工质量验收标准》（TB 10756—2018）第5.3.5条第3款第3项对电缆桥梁段引下施工规定如下：

"光电缆沿桥墩采用热镀锌防护钢槽引下时，钢槽厚度不应小于2 mm；桥梁与桥墩钢槽的连接处间隙为5~10mm；两梁间过渡钢槽连接处活动搭接长度不小于50mm；钢槽弯曲半径应符合电缆弯曲半径的要求；钢槽及电缆应分段固定，固定间距不应大于1500mm；钢槽下端应埋设在地面以下并固定，深度不应小于500mm；地面以上的钢槽外部应采用砌砖防护，砌砖高度不应少于2000mm。"

桥梁处电缆引下施工宜参照图8-2进行。

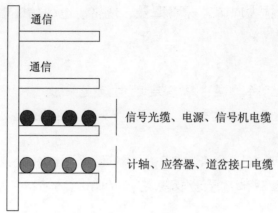

图 8-1 电缆支架电缆敷设示意图

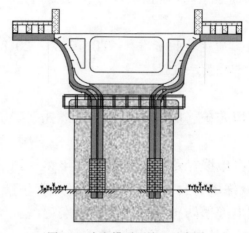

图 8-2 光电缆引下施工示意图

8.2.7 光电缆敷设完成后进行光电缆接续，施工应符合下列规定：

1 应答器电缆应采用应答器电缆专用接续盒进行接续，电缆接续应严格按照接线盒操作说明进行施工。

2 光缆接续技术施工应符合本规范第 7.2.7 条的规定。

8.2.8 箱盒安装应符合下列规定：

1 室外箱盒支架、连接螺栓、螺母等材料应有防腐措施，安装位置和安装方案应符合设计，满足建筑限界要求。

2 箱盒与箱盒支架应采用防腐螺栓连接，各部位螺栓应紧固，弹簧垫圈、平垫片应齐全，应采用防脱落双螺母。

3 箱盒安装完成后应进行设备标识，方向盒、终端盒、信号用变压器箱的名称宜标注在箱盒盖上，计轴用方向盒名称宜标注在上盖端部且与所属区段相符，安装在电缆槽道内的方向盒名称宜标注在防护墙或隧道壁上。

条文说明

本条信号箱盒包含信号机点灯、道岔控制、区段计轴、应答器等所用箱盒。

8.2.9 光电缆引入施工应符合下列规定：

1 电缆井（间）电缆余留量不应小于5m成"U"或"Ω"形固定在电缆架上，电缆引入口处、电缆柜内电缆用"U"形卡固定，布放均匀圆滑、整齐美观。

2 信号设备房电缆引入口与分线柜间距大于5m时，电缆金属护套应在电缆间或电缆引入口处采用电缆成端接地盒进行接地。

3 电缆成端后，应将电缆整齐排列在电缆分线柜的电缆固定层上，并采用专用卡具固定牢固。

4 电缆配线贯通后设备未连接前，应对电缆线间绝缘、芯线对地绝缘进行全程测试并填写测试记录，其测试结果不应小于20MΩ·km。

5 引入电缆的铭牌应标明电缆用途、型号、长度等信息，并在引入口处固定。

条文说明

对于一次成端，《高速铁路信号工程施工质量验收标准》（TB 10756—2018）第4.5.4条第1款规定如下：

"1) 设备房屋引入口与分线柜之间距离大于5m时，应在电缆间或电缆引入口处进行电缆金属护套接地；

"2) 电缆金属护套接地应采用成端接地盒；

"3) 电缆钢带（断开）、铝护套（不断）通过成端盒接地端子与30mm×3mm分支接地铜排连接；

"4) 分支接地铜排与引入口处电缆金属护套接地等电位接地端子板/排连接。"

8.2.10 箱盒配线施工应符合下列规定：

1 箱盒配线前，配线图应正确，箱盒端子及电缆不应有绝缘故障。

2 引入箱盒内的电缆应在端子上配线，配线宜横平竖直、整齐美观，备用芯线的长度宜保证能与最远程端子进行配线连接，绕成弹簧圈摆放在电缆根部。

3 采用端子配线时，芯线线环宜顺时针绕制，线环间及线环与螺母间应设置垫圈。

4 采用插接型端子配线时，应一孔一线，端子不应压电缆芯线胶皮，配线应加装套管标明端子号。

8.2.11 箱盒配线结束后应按照配线图进行导通测试和电气特性检测。

8.3 固定信号、发车指示器及按钮装置

8.3.1 地面固定信号包括高柱色灯信号机、矮型色灯信号机、信号表示器等，按钮装置包括紧急停车按钮、折返按钮等。

8.3.2 信号机安装应符合下列规定：

1 信号机施工前，信号机基础施工应已完成，安装位置的地形地物、限界应符合安装要求。

2 信号机构、标志牌及其附件规格、型号、质量、数量、安装位置、显示方向等应符合设计要求。

3 信号变压器、点灯单元等元器件性能符合现行行业标准《铁路信号用变压器》（TB/T 1869）等有关技术标准的规定。

4 信号机机构至箱盒间宜采用带护套的配线电缆，箱盒内部配线绑扎整齐，不得有破损、老化现象，不得有中间接头。

8.3.3 发车指示器安装应便于驾驶员观看且符合设计和工程限界要求，设备内配线应正确、绑扎应整齐。

8.3.4 紧急停车按钮安装高度应满足设计要求，剥切电缆时不得损伤芯线及绝缘层，配线应合理，易于查找故障。

8.3.5 自动折返按钮箱安装方式、高度应符合设计要求，剥切电缆时不得损伤芯线及绝缘层，配线应合理，易于查找故障。

8.4 列车检测与车地通信设备

8.4.1 应答器、计轴设备、无线 AP、漏缆等车地通信设备应按照设计要求及相关技术文件进行设备位置定测。

8.4.2 计轴设备安装应符合下列规定：

1 计轴装置进场时应进行检测，其型号、规格、质量应符合设计要求及相关产品标准要求，支架及螺栓应进行防腐处理。

2 计轴磁头安装时应符合设备技术文件相关要求，宜采用防震防松结构螺栓紧固在专用支架上，在震动环境下支架及磁头应可靠工作不松动。

8.4.3 应答器安装应符合下列规定：

1 轨旁应答器设备安装前应与设计相关文件进行核对，应答器的安装位置应符合设计要求，安装工艺应符合设备安装手册要求。

2 应答器安装在承轨梁上时，宜采用不锈钢化学锚栓固定在承轨梁上，安装前应探明钢筋位置，不应对承轨梁结构钢筋造成破坏。

3 有源应答器尾缆应沿轨道梁或承轨梁引至应答器终端盒，宜采用线卡和不锈钢锚栓固定。

4 应答器各轴标定如图8.4.3所示。X轴的安装精度应满足表8.4.3的规定，Y、Z轴的安装精度应符合设备相关文件要求。

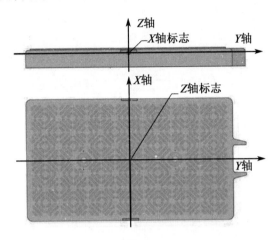

图8.4.3 应答器各轴标定示意图

表8.4.3 应答器X轴安装精度标准表

应答器性质	允许偏差（cm）
主信号应答器（VB）	±5
填充应答器（IB）	±60
精确定位固定应答器（FB）	±2

5 应答器名称宜采用油漆就近标示在应答器所在线路承轨梁上，标识应明显、字迹应清晰。

8.4.4 车地通信采用漏缆时，相关施工应符合本规范第7.4.7条的规定；采用无线AP时，相关施工应符合本规范第7.4.8条的规定。

8.5 室内设备安装

8.5.1 室内设备安装应包括机柜（架）安装、走线架（槽）安装、电缆引入分线盘、光缆引入及光缆熔接、操作显示设备安装、电源设备安装及配线等。

8.5.2 室内设备电气与机械特性应符合设计要求及相关产品技术标准，继电器、变压器、整流器、防雷元件等电气元件应按照要求进行检测并符合相关技术标准，设备安装的各种防护设施应符合相关技术要求。

8.5.3 室内设备应进行进场检查并符合下列规定：
1 机柜（架）、设备及附件规格、型号、质量、数量符合设计和订货合同的要求。
2 产品图纸、说明书等技术资料，合格证、检验单等质量证明文件齐全。
3 机柜（架）、设备及附件表面应无变形、无损伤，镀层、漆饰完整无脱落。

4 机柜、设备内部件应完好、连接无松动，无受潮发霉、锈蚀。

8.5.4 室内设备安装施工工序流程可按图8.5.4所示流程进行。

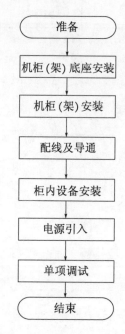

图8.5.4 室内设备施工工序流程图

8.5.5 机柜（架）底座安装应符合下列规定：

1 机柜（架）金属底座应根据设备实际尺寸加工，宜有镀锌等防腐措施。

2 机柜安装前应按照设计图总体布局测量和确定底座安装位置，底座宜用螺栓直接固定在房屋地面。

3 底座与地面固定应平稳、牢固，当机房内铺设防静电地板时，底座宜与静电地板等高。

8.5.6 机柜（架）安装应符合下列规定：

1 机柜（架）安装位置、机面朝向，机柜（架）与机柜（架）、机柜（架）与墙体、电源屏间的安装距离，抗震加固措施及总体布局应符合设计要求。

2 机柜（架）间需绝缘隔离时，绝缘装置应安装齐全、无损伤。

3 除有特定的绝缘隔离、散热、电磁干扰等要求外，相邻机柜（架）间隙宜紧密靠拢或用螺栓连接。

4 机柜（架）安装前应在机柜底座上铺设绝缘板，机柜（架）采用绝缘螺杆固定在底座上，机柜（架）安装应横平竖直、端正稳固且与地面垂直。

5 在主通道侧的机柜（架）纵向侧面宜在同一条直线上，横向同排机柜（架）的正立面宜在同一平面上。

8.5.7 走线架（槽）安装除应符合本规范第7.3.2条的规定，还应符合下列规定：

1 机柜（架）采用上部或下部布线时，应采用走线架（槽）防护，走线架（槽）底部、拐角处以及引出线缆开口处应增加防护措施。

2 上走线架（槽）外部颜色宜与机柜（架）颜色相协调，下走线宜采用走线架（槽）固定在静电地板下。

8.5.8 室内配线包括线缆布放、线缆连接，施工时应符合下列规定：

1 线缆的规格、型号应符合设计要求。

2 线缆应排列整齐，不应出现中间接头和绝缘破损。

3 机柜（架）内组合侧面布线捆束宜间隔均匀、整齐美观。

4 配线采用接线端子方式连接时，端子根部螺帽应紧固无松动、上部用并帽紧固，每个端子上的配线不宜超过3个线头，连线时各线间应用金属垫片隔开，截面小于$1mm^2$的多股芯线应先用专用工具将冷压接线帽与多股芯线压接牢固，再与接线端子连接。

5 配线采用焊接方式连接时，不应使用带腐蚀性的焊剂，应焊接牢固、焊点饱满光滑、配线无脱焊与断股现象。

6 配线采用插接方式连接时，应采用专用工具插接、一孔一线，多股铜芯线插接前应压接接线帽。

7 配线采用压接方式连接时，冷压线环、端头应无污渍、锈蚀、开裂及变形，压接时接点片与导线应压接牢固、长度适当，配线应无断股、脱股现象。

8 室内机柜（架）配线芯线应悬挂去向标识，标识长度宜均匀一致。

8.5.9 机柜（架）安装、配线完成后，进行机柜（架）内部设备安装，安装时应符合下列规定：

1 各类部件、器材安装位置、规格应符合设计要求，机柜（架）内的接地连接应良好，机柜（架）零层电源端子绝缘良好。

2 各类插接件应插接正确、连接牢固可靠，设备铭牌标识应完整、清晰。

8.5.10 信号设备房、控制中心均有设备操作显示终端，操作显示设备安装应符合下列规定：

1 计算机及附属设备安装符合设计要求，各种设备接口应连接正确、牢靠。

2 计算机配线应采用专用电缆，电缆引入处应有防护措施且开孔位置适宜，电缆两端应有电缆去向和用途等标识。

3 操作台上的显示设备最外边沿不得超出操作台的边沿，计算机显示屏图像、字符应清晰，键盘、鼠标应操作灵便，打印机、扫描仪等应安装正确。

4 防电磁干扰的屏蔽措施应符合相关技术要求，屏蔽连接应牢固可靠，中间不应断开。

8.5.11 电源防雷箱及外电网监测箱、电源屏、UPS 及蓄电池等电源设备按照设计要求进行施工，电源设备安装应符合下列规定：

1 电源防雷箱、电源监测箱、电源屏、蓄电池等电源设备安装位置、方式及电源屏限流装置容量应符合设计要求。

2 信号设备室应设置专用电源防雷箱，电源防雷箱及外电网监测箱箱体安装宜整齐美观，箱体引出线宜采用 PVC 管、黑胶皮管等防护管进行防护。

3 电源屏与电源防雷箱相位、屏与屏之间的相位应相符。

4 电源屏各输出电源应对地绝缘良好且绝缘电阻符合相关产品技术标准和设计要求，电源屏各种模块应安装端正、牢固，屏间配线应连接正确、牢固，电源屏接地装置应安装牢靠。

5 电池体安装应符合相关技术标准及设计要求。

8.5.12 设备电源线、电源系统电源线敷设及防护应符合下列规定：

1 电源线缆规格、型号符合设计要求。

2 在走线架（槽）内布设时，不得有绝缘破损、与设备配线交叉等现象，布线应自然顺直，拐弯处应留有适当余量。

8.6 防雷及接地

8.6.1 信号设备防雷施工应符合下列规定：

1 信号设备防雷应符合设计及相关技术规范要求，正常情况下，防雷装置不应影响被防护设备的工作；在受到雷电干扰时，信号设备不应产生危险输出和错误输出，不得影响行车安全。

2 对电磁脉冲防护应采取等电位连接、屏蔽、共用接地、合理布线、改善信号设备环境条件和设置防雷器件等措施进行综合防护。

3 室外引入线和连接设备均应在防雷分线柜采取防雷措施。

条文说明

室内外防雷分界口在防雷分线柜，所以室外引入线及设备应在防雷分线柜进行防雷接地处理。

8.6.2 室内设备接地应符合下列规定：

1 信号设备房接地方式、接地排数量、接地位置应符合设计要求。

2 设备元器件的选用应符合设计要求，电源、计算机、数据通信线路、输入输出接口、机架结构及地线设置等方面采取的电磁兼容、防雷措施应符合设计要求。

3 地线连接不应盘绕和迂回，接地线应尽量短，接地线的颜色宜统一采用黄绿色，室内接地线宜采用铜端头冷压方式安装。

4 分线柜防雷应符合设计要求，安装在防雷分线柜处的防雷保安器宜有劣化指示，当防雷保安器处于劣化或损坏状态时，应立即自动脱离电路且不得影响设备正常工作。

5 桥架、线槽应有良好的接地，走线架、槽不得布置成环形，已构成闭合回路的应加装绝缘进行隔断。

条文说明

对于防雷设施的安装要求，《城市轨道交通信号工程施工质量验收标准》（GB/T 50578—2018）第10.2.3条第1款规定如下：

"防雷设施与被防护设备之间的连接线路宜取最短径路，不应迂回绕接。"

《铁路信号设备雷电及电磁兼容综合防护实施指导意见》（铁运〔2006〕26号）中对于防雷保安器规定如下：

"2.1.3 当防雷保安器处于劣化或损坏状态时，须立即自动脱离电路且不得影响设备正常工作。

"1 防雷保安器并联应用时，在任何情况下不得成为短路状态；串联应用时，在任何情况下不得成为开路状态。

"2 防雷保安器对地有连接的，除了放电状态，其他时间不得构成导通状态；否则必须辅以接地检测报警装置。"

8.6.3 室外信号设备接地主要为工作接地、安全防护接地和防雷接地，施工应符合下列规定：

1 室外设备的防雷接地与设备工作接地、安全防护接地应隔离设置，接地电缆的型号、连接方式应符合设计要求。

2 室外方向盒、计轴盒、无线AP箱等箱盒及其支架安全防护接地、AP箱理线架工作接地宜串联后再引至接地扁钢。

3 信号机机柱、无线AP机柱防雷接地应单独至防雷接地体上。

4 信标支架不应进行防护接地，信标终端盒支架应进行安全防护接地。

5 同一位置有多个设备接地时，不同类型设备应单独接地；同类型设备串联接地时，两根地线应连接在同一连接螺栓上，不应将支架或箱体等作为电流流通导体。

6 地线固定螺栓宜使用不锈钢或铜质材质，用单螺帽、不锈钢弹垫及垫片紧固。

7 信号设备采取分散接地时，工作接地、安全防护接地电阻不应大于4Ω，防雷接地电阻不应大于10Ω，无线AP天线防雷接地线与AP箱安全防护接地线应保持15m以上间距分别设置。

条文说明

《中低速磁浮交通设计规范》（CJJ/T 262）对接地电阻阻值有具体要求。

8.6.4 电缆接地应符合下列规定：

1 室内设备柜处电缆接地采用成端接地盒接地时，钢带、铝护套及泄流线应通过成端接地盒的接地端子与分支铜牌连接；直接接地时，钢带、铝护套及泄流线应分别采用截面积不小于 1.5mm² 的绝缘铜线与分支铜排连接。

2 室内电缆接地连接用分支铜排不应小于 30mm×3mm。

3 室内电缆接地线采用截面积不小于 50mm² 的绝缘铜导线与电缆金属护套接地等电位接地端子板/排连接。

4 室外信号机、计轴用电缆、钢带和铝护套应分段单端接地，副管每根电缆的钢带、铝护套连接后分别用截面积不小于 1.5mm² 的多股铜芯绝缘软线接至箱盒内接地端子。

5 应答器电缆的钢带、铝护套、泄流线用接地连接卡连通后与应答器尾缆中的金属屏蔽网线连接，在 LEU 处单端接地。

6 箱盒内接地端子应采用多股铜芯绝缘软线就近与综合接地端子连接，宜采用冷压端子、栓接方式。

条文说明

参照现行行业通用标准图《铁路车站信号设备防雷、电磁兼容及接地》（通号〔2008〕9201）相关规定。

8.6.5 接地体施工应符合下列规定：

1 信号接地系统由区间贯通接地体、车站弱电接地母排、设备房接地母排组成。

2 区间贯通接地体宜选用热镀锌扁钢或者镀铜圆钢，其规格应符合设计要求。

8.7 系统接口

8.7.1 磁浮信号系统与道岔控制系统、IBP 盘、站台门控制系统、电力监控系统、大屏显示系统、通信系统等系统存在接口施工。

8.7.2 与磁浮道岔控制系统接口施工应符合下列规定：

1 磁浮道岔信号控制系统施工前，应按程序对道岔等相关工程施工接口、作业面验收交接，道岔桥面预留的电缆槽等应符合电缆施工要求，道岔控制柜中预留的电缆引入孔应符合设计要求。

2 道岔控制柜中电缆端子与设计图应一致，分线柜与道岔控制柜之间敷设的电缆型号、径路应符合设计要求，道岔控制柜内接口电缆配线应整齐美观，符合设计要求。

3 电缆引入道岔控制柜时，电缆宜采用橡胶管防护，电缆引入后穿线孔应进行密封。

8.7.3 IBP 盘接口施工应符合下列规定：

1 IBP 盘接口电缆型号、径路应符合设计要求。
2 配线应整齐美观，符合设计及 IBP 盘相关要求。
3 IBP 盘上信号功能按钮及表示灯应功能正常，显示正确，符合设计要求。

条文说明

　　IBP 功能按钮：紧急停车、紧急停车恢复、计轴复位等按钮及表示灯。

8.7.4 站台门接口施工应符合下列规定：

1 信号系统与站台门的接口类型，接口缆线的型号与规格、敷设路径、配线方式应符合设计要求。
2 信号系统与站台门接口功能应正确，由信号系统控制站台门时，站台门及列车进出门控制命令应符合设计要求。

8.7.5 信号系统与电力监控系统、OCC 大屏显示系统、通信系统等其他系统接口应符合设计要求，并符合下列规定：

1 设备安装前应核对设计文件、设备说明书等相关文件，设备安装工艺应符合设备安装手册。
2 线路预留量宜保证终端设备移动到离电缆引入口最远端时，线缆长度仍能满足要求。
3 线缆敷设时应注意径路选择，两端设备之间的网络线缆不宜超过 100m。
4 接口线缆敷设后，应做好孔洞封堵与恢复工作。

8.8 单机调试

8.8.1 信号设备安装完成后应进行信号单机调试工作，包括室内电路线缆导通、电源系统调试、室外电线路导通，机柜空载送电试验，室内设备插接安装等，施工流程可按图 8.8.1 所示流程进行。

8.8.2 信号系统单系统调试前应做好相应的准备工作，并应符合下列规定：

1 调试前电源屏、电源引入防雷开关箱的安全地线应连接良好。
2 根据电源屏、联锁设备、计轴设备等设备操作手册及使用说明书，结合电路原理图、设备功能及相关设计要求，制作调试记录表。
3 应在电源屏、电源引入防雷开关箱、机架电源端子等处做安全标识。

8.8.3 信号系统调试前，配线完成后、设备安装前应进行电线路导通，导通施工应符合下列规定：

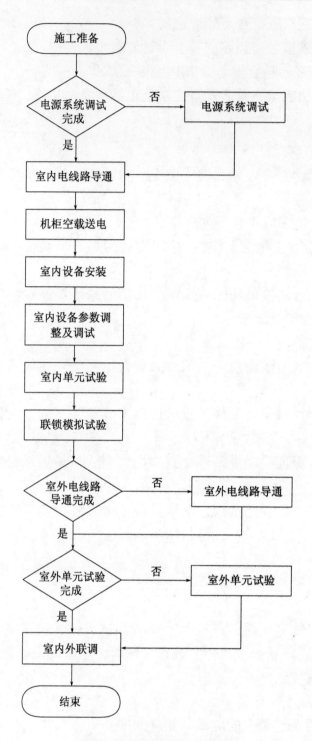

图 8.8.1 信号调试施工流程图

1 室内电线路导通前，应将所有断路器置于"断开"状态，接线质量应良好；导通时，技术人员应根据配线图表对室内电线路进行逐一导通。

2 室外电缆导通时，信号机电缆应从分线盘向室外各信号机进行一次全面电缆导通；应答器电缆应从分线柜对室外有源应答器进行一一导通；计轴电缆应从计轴机柜对室外各计轴点进行一一导通并注电源极性。

8.8.4 电线路导通后应进行电源调试，电源调试施工应符合下列规定：

1 电源屏安装完成后应进行通电检查试验，各种按钮应动作灵活，开关应通/断可靠，指示灯应安装正确、显示清晰、亮度均匀，报警装置应安装齐全、完好。

2 电源屏初次开机后，温度应缓慢上升且无异常噪声，调试中开关接触或断开动作应良好且接触压力合适、电源屏指示灯应表示正确、表头应无卡阻和碰针情况。

3 手动或自动进行电源屏两路电源转换试验时，其转换时间应满足相关技术及验收标准，电源屏表示及电源输出指标应符合设备说明书与设计要求，试验结束应切断电源屏的输入电源。

4 UPS安装后，UPS应工作正常、显示灯显示正确，交流电源断电后UPS持续供电时间应满足设计要求。

8.8.5 电线路导通、电源调试完成后，进行机柜空载送电试验，试验时应符合下列规定：

1 调试试验时机柜内设备应未安装，按电源种类分别送电，逐柜合上断路器，机柜电源的电压和极性应符合要求。

2 送电调试时，应测试不同电源之间是否有混电及接地现象，并及时进行处理。

8.8.6 机柜空载送电室试验完成后，逐柜进行设备安装，安装时应符合下列规定：

1 机柜及设备应无尘土、裂痕或其他损伤，设备外观应良好、检测标志清晰。

2 对照机柜内设备布置图，按照设备说明书进行设备安装，不得损害设备。

3 柜内设备安装完成后，应仔细核对现场实物和设计图纸，设备应完好、型号符合设计要求。

8.8.7 机柜内设备安装完成后应进行设备送电、调试施工，室内设备送电、检测、调试、参数调整调试等施工应符合下列规定：

1 室内设备送电前，机柜（架）断路器开关、电源屏输出开关置于"断开"位置，电源屏防雷开关箱的电源开关置于"闭合"位置并送电给电源屏。

2 在机柜未送电前，将柜内断路器置于"断开"位置，使用万用表的低阻档分别在每个机柜内部电源分线端子上测量每一种电源两个极性之间的电阻值，应无短路及混电现象。

3 电源屏逐一给机柜送电，送电后应在机柜电源端子测试每一种电源极性、电压，电源极性及电压应正确，并应与其他电源端子交叉测量，电源不应有混电现象。

4 应根据设备操作说明、设计要求，完成设备的检测、调试、参数调整等工作。

8.8.8 室内模拟试验前，应进行信号机单元电路、道岔接口单元电路、计轴单元电路试验，试验时相关设备、继电器及其他元器件的动作应与驱采一致。

8.8.9 单元电路试验完成后，进行室内模拟试验，模拟试验应符合下列规定：
1 应根据实际站场情况制作模拟盘。
2 模拟试验时，应对照联锁表对所有进路进行选路排列、锁闭、开放信号、取消进路、正常解锁/人工解锁试验以及敌对进路选排试验等，并做好试验记录。

8.8.10 模拟试验完成后，应进行联锁、ATS一致性检查试验，联锁、ATS动作与显示应保持一致。

8.8.11 联锁、ATS一致性检查试验完成后，室内外设备联调前，应进行室外设备单元试验，试验应符合下列规定：
1 在分线柜送出220V信号机电源，进行信号机单点、灯丝转换试验，室外信号机显示应与操作台显示一致；灯丝转换时，室内外动作应一致。
2 室外道岔状态应与控制台道岔显示一致，在联锁集中控制模式下室外道岔动作与联锁操作一致。
3 模拟列车轮对进出区段进行计轴试验，室内外动作与显示应一致。
4 在LEU处逐个送出有源应答器电源，应答器默认报文应符合设计要求。
5 在IBP盘进行计轴复位、屏蔽门控制等功能试验，IBP盘的显示和动作结果应与信号系统显示和动作一致。

8.8.12 室内外单元试验及模拟试验完成后，进行室内外联调，调试时应符合下列规定：
1 调试前，信号机显示、计轴工作、道岔动作应正常。
2 调试时，应根据联锁表进行逐一试验。

9 自动售检票系统

9.1 一般规定

9.1.1 自动售检票系统工程应包括管槽安装、线缆敷设、设备安装、防雷及接地、系统接口等。

9.1.2 自动售检票系统工程施工应符合现行国家标准《城市轨道交通自动售检票系统工程质量验收标准》（GB/T 50381）、《建筑电气工程施工质量验收规范》（GB 50303）等的规定。

9.1.3 自动售检票系统进场施工前，房屋主体结构应已施工完成。

9.1.4 自动售检票系统施工应按规定的程序进行，应进行接口检查并与土建及其他专业工种互相配合。

9.2 管槽安装

9.2.1 管槽安装施工工序流程可按图9.2.1所示流程进行。

9.2.2 金属配管预埋的施工应符合下列规定：
1 金属配管不应采用对口熔焊连接，镀锌和壁厚不大于2mm的钢导管不应采用套管熔焊连接。
2 当金属配管采用螺纹连接时，连接处的两端应可靠接地连通。
3 镀锌的钢导管、可挠性导管不得熔焊跨接接地线，以专用接地卡跨接的两卡间连线为铜芯软导线时，截面面积不小于$4mm^2$。

条文说明

根据《城市轨道交通自动售检票系统工程质量验收标准》（GB/T 50381—2018）第4.2节的相关规定编制本条。

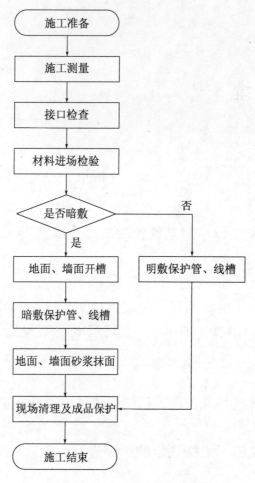

图 9.2.1 管槽安装施工工序流程图

9.2.3 金属线槽出线盒、分向盒、接线盒处应采取防水、防尘措施，能承受车站地面相同的压力，并应符合设计要求。

9.2.4 金属线槽、金属导管、接线盒、分向盒应电气连接且可靠接地。

9.2.5 当金属线槽、金属导管及可挠性导管经过建筑物伸缩缝、沉降缝时，工艺上应采取保护措施。

9.2.6 线槽的施工安装应符合下列规定：
1 线槽平整，内部光洁、无毛刺、加工尺寸准确。
2 线槽连接牢固，无明显的变形。
3 明敷的直线段金属线槽长度超过30m时设伸缩节。
4 线槽安装完成后应进行防水检测，线槽内应无水分，检测达到要求后方可使用。

9.2.7 预制金属弯管时，弯成的角度不应小于90°；弯曲半径不应小于管外径的10

倍，管弯处不应有裂缝和明显的弯扁。

9.2.8 暗配的金属导管填埋深度与建筑物、构筑物表面的距离不应小于 15 mm；金属导管应排列整齐，固定点间距应均匀，安装牢固；在金属导管的终端、弯头中点或柜、台、箱、盘等边缘的距离 150～500mm 范围内应设有管卡，中间直线段管间的最大距离应符合相关规定。

条文说明

管卡间最大距离参照《城市轨道交通自动售检票系统工程质量验收标准》（GB/T 50381—2018）表 4.2.8 规定。

9.2.9 当金属导管管路较长或有弯时，宜加装分向盒。2 个分向盒之间的距离应符合下列规定：

1 对无弯的管路，不应超过 30m。
2 当 2 个分向盒之间有 1 个弯时，不应超过 20m。
3 当 2 个分向盒之间有 2 个弯时，不应超过 15m。
4 当 2 个分向盒之间有 3 个弯时，不应超过 8m。

9.2.10 可挠性导管敷设应符合下列规定：

1 可挠性导管与金属导管或电气设备、器具间的连接应采用专用接头；可挠性导管的连接处应密封良好，防水覆盖层应完整无损。
2 可挠性导管不得作接地的接续导体。

9.3 线缆敷设

9.3.1 线缆敷设施工工序流程可按图 9.3.1 所示流程进行。

9.3.2 强电电源、接地线缆与弱电数据、控制线缆应分管分槽敷设。线缆出入口处应做密封处理并满足防火要求。

9.3.3 数据线缆、控制线缆、电源线缆在管槽内敷设应符合下列规定：

1 管槽内线缆敷设应平直，无扭绞、打圈等现象，管槽内无接头。
2 线缆敷设时应留有一定余量，在设备出线处根据实际情况预留。
3 敷设于水平线槽内的线缆，宜每隔 3～5m 绑扎固定；敷设于垂直线槽内的线缆宜每隔 2m 绑扎固定。
4 线缆两端及经过分线盒应有标签，标明线缆的起始和终端位置，标签应清晰、准确、牢固。

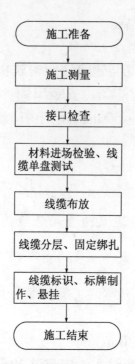

图 9.3.1 线缆敷设施工工序流程图

9.3.4 自动售检票系统的室内配线高度应一致，与其他管线交叉或穿越墙壁和楼板时应进行防护。

9.4 设备安装

9.4.1 设备安装施工工序流程可按图 9.4.1 所示流程进行。

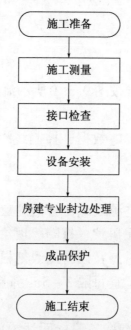

图 9.4.1 设备安装施工工序流程图

9.4.2 自动检票机上方的导向标志安装应牢固，系统设备应避开围护栏立柱位置。

9.4.3 终端设备进场检验应符合下列规定：
1 设备安装前对设备进行开箱检查，设备完好无缺、附件资料齐全。
2 终端设备的型号、规格、技术参数和数量符合设计要求。
3 终端设备外形完好，表面无划痕及破损；设备的外形尺寸、设备内的各主要部件及接线端口的型号、规格符合设计要求。
4 终端设备接地点和设备接地应连接可靠。
5 终端设备构件连接紧密、牢固，安装用的紧固件有防锈层。

9.4.4 终端设备的安装应符合下列规定：
1 设备安装的通道宽度、安装位置符合设计要求。
2 各类终端设备周围留出足够的操作和维护空间。
3 设备安装垂直、水平偏差小于2mm，自动检票机水平间隔偏差小于5mm；设备、底座安装牢固，底座与地面间做防水处理。
4 安装于自动检票机上方的出入导向显示设备应安装牢固，安装位置符合设计要求。

9.4.5 机房设备安装应符合下列规定：
1 服务器、工作站、交换机、打印机、编码分拣机和机柜的型号、规格、质量和数量应符合设计要求。
2 各种机柜插接件应插接准确、牢固。
3 服务器、工作站、交换机、打印机和编码分拣机的安装应稳定、牢固，位置应准确，并应符合设计要求。
4 机柜固定牢固、垂直、水平，允许偏差为±2mm。
5 同列机柜正面位于同一平面，允许偏差为±5mm。
6 设备的附备件应齐全完整。
7 设备的机箱漆饰应良好，不得有严重脱漆和锈蚀。

9.4.6 紧急按钮安装应符合下列规定：
1 紧急按钮的安装位置符合设计要求。
2 紧急按钮的安装考虑操作方便并有明显醒目的标志。
3 引入电缆或引出线采用屏蔽保护措施。

9.4.7 电源设备安装应符合下列规定：
1 电源设备到达现场应对其型号、规格及容量进行检查，并应符合设计要求。
2 配电柜各单元应插接良好，电气接触点应接触可靠、连接紧密；输入电源的相线和零线不得接错，其零线不得虚接或断开。

3 UPS输出端的中性线（N极），应与由接地装置直接引来的接地干线相连接并重复接地。UPS装置的可接近裸露导体应接地可靠，且应有标识。

4 配电箱体内元器件完好、齐全，配置性能符合设计要求，安装牢固，箱底边距地面宜为1.5m。

5 交流配电箱内，零线和保护线在零线和保护地线汇流排上连接，不得绞接，并有编号。

6 UPS机柜、电池柜应固定在金属支架上，不应直接放置在防静电地板上。

7 电源柜安装垂直度允许偏差为±1.5‰。

8 蓄电池架（柜）布设平稳、牢固、端正，全长水平偏差为－15mm。

9.4.8 电源布线应符合下列规定：

1 电源线缆的型号、规格及数量应符合设计要求，电源线缆不得破损、受潮、扭曲、折皱，端子型号应正确。

2 电源线缆与数据线缆和控制线缆分管分槽敷设；不同电压等级的线缆应分类布置，并应分别单独设槽、管敷设，在同一线槽内宜采用隔板隔开。

3 电源线缆与数据线缆交叉敷设时宜成直角，平行敷设时，电源线缆与数据线缆的间距应符合设计文件要求。

4 电源线连接到地面插座盒、墙上插座盒、多功能插座板的接线应正确，设备引出电源线的位置应合适。

5 电源端子接线应正确，电源线缆两端的标志应齐全；直流电源线应以线色区别正、负极性，直流电源正、负极不应错接与短路，接触应牢固；交流电源线应以线色区别相线、零线、地线，不应错接与短路，接触应牢固。

9.4.9 设备配线应符合下列规定：

1 设备间配线线缆的规格、型号应符合设计要求。

2 设备间的配线线缆不得破损、受潮、扭曲、折皱；配线转弯的弯曲半径不得小于线缆直径的5倍，在进、出设备的部位和转弯处，应固定牢固。

3 设备间的配线线缆中间不得有接头，连接方式应符合设计要求。

4 设备间的线缆布放应平直整齐，绑扎应牢固。

9.5 防雷及接地

9.5.1 防雷及接地的施工应符合下列规定：

1 防雷、工作接地、保护地线与设备连接应符合设计要求。

2 接地方式、设备接地端子排列、地线接入及连接应符合设计要求。

3 接地铜排和螺栓、地线盘端子与室内接地连接导线连接应牢固、接触应良好。

4 接地装置的各种连接处，应镀锡过渡，焊接不得有假焊或虚焊现象，焊点应做防腐处理。

5　屏蔽接地要求数据电缆屏蔽层应单点接地。
6　接地连接绝缘铜芯导线截面面积符合设计要求。
7　金属线槽及其支架和引入或引出的金属导管应可靠接地。
8　配电箱接地保护应可靠，且应有标识。
9　接地连接导线布放不得有接头。
10　系统的雷电防护等级、防雷设施的设置位置、方式及数量应符合设计要求。
11　设备的接地线与工作地线及保护地线的连接应良好牢固。
12　从共用综合接地体引出的位置应符合设计要求。

9.5.2　接地的检测应符合下列规定：
1　电源设备带电部分与金属外壳间的绝缘电阻大于 $5M\Omega$。
2　电源线缆的芯线间和芯线对地的绝缘电阻应大于 $0.5M\Omega$。
3　防雷设备的选用应符合设计要求，应由有资质的防雷测试单位进行检测，并应出具检测合格报告。
4　防雷接地与交流工频接地、直流工作接地、安全保护接地应共用综合接地体，接地装置的接地电阻值应按接入设备中要求的最小值确定，其接地电阻测试值不应大于 1Ω。

9.6　系统接口

9.6.1　自动售检票系统应按设计要求，做好与土建、通信、综合监控、供电等其他工程接口对接，满足系统功能要求。

9.6.2　自动售检票与土建工程接口应符合下列规定：
1　房间的隔墙已砌筑完毕、预留孔无遗漏。
2　车站内无积水。
3　车站地面预留的 AFC 系统线槽预埋位置符合设计要求。
4　自动售票机、半自动售票机、自动检票机、自动加值机、自动验票机及票亭的设计安装位置与消火栓、导向牌/指示牌、进出站边门、围栏等其他设备不冲突，操作和维护距离满足设计要求。
5　设备安装位置预留出线口，出线口尺寸、数量、位置符合设计要求。预留安装设备的出线口制作活动地板或装饰面板。
6　防静电地板铺设完毕，架空高度、地板均布荷载符合设计要求。
7　防静电地板根据设计要求进行防静电接地连接，接地导线分别与地板支撑和防静电接地铜排可靠连接。接地导线采用多股铜线，导线截面面积不小于 $1.5mm^2$。

9.7 单机调试

9.7.1 车站终端设备调试应符合下列规定：
1 设备配线齐全，走线规范。
2 设备上电后各设备板卡运行指示灯正常。
3 启动受试设备，设备自动进入规定的运营模式；自动检票机断电后，通行阻挡装置应解锁常开。
4 终端设备时间同步、软件更新、参数同步、进出站检票、加锁、系统监控等项目检测应符合设计要求。

9.7.2 车站计算机系统调试应符合下列规定：
1 设备配线齐全，走线规范。
2 设备上电后各设备板卡运行指示灯正常。
3 车站计算机服务端应能正常启动或关闭。
4 车站计算机时间同步、软件更新、参数同步、下层设备监控、运营结束程序、数据备份与恢复、本系统监控、上层系统监控、操作员权限应用、离线模式、车站紧急按钮等项目检测应符合设计要求。

9.7.3 线路中央计算机系统调试应符合下列规定：
1 设备配线齐全，走线规范。
2 设备上电后各设备板卡运行指示灯正常。
3 线路中央计算机服务端启动与关闭、时间同步、软件更新、参数同步、操作员权限管理、下层设备监控、运营结束程序、数据备份与恢复、本系统监控、上层系统监控、操作员权限应用、离线模式等项目检测应符合设计要求。

9.7.4 票务清分系统调试应符合下列规定：
1 设备配线齐全，走线规范。
2 设备上电后各设备板卡运行指示灯正常。
3 票务清分系统服务端启动与关闭、时间同步、软件更新、参数同步、操作员权限管理、密钥管理、车票管理、下层设备和系统监控、运营结束程序、灾难备援、本系统监控、操作员权限应用等项目检测应符合设计要求。

条文说明

单机调试参照现行行业标准《城市轨道交通自动售检票系统检测技术规程》（CJJ/T 162）规定。

10 火灾自动报警系统

10.1 一般规定

10.1.1 火灾自动报警系统工程应包括布线及设备安装、系统调试、防雷及接地、系统接口等。

10.1.2 火灾自动报警系统工程施工应满足现行国家标准《火灾自动报警系统施工及验收规范》（GB 50166）、《建筑电气工程施工质量验收规范》（GB 50303）等的规定。

10.1.3 火灾自动报警系统的主要设备应通过国家认证（认可），并有认证（认可）证书和认证（认可）标识，产品的名称、型号、规格应与检验报告一致。

10.1.4 火灾自动报警系统进场施工前，房屋主体结构应已施工完成。

10.1.5 火灾自动报警系统施工应按规定的程序进行，应进行接口检查并与土建及其他专业工种互相配合。

10.2 布线及设备安装

10.2.1 火灾自动报警系统施工工序流程可按图10.2.1所示流程进行。

10.2.2 管槽安装应符合下列规定：
1 从接线盒、线槽等处引到探测器底座、控制设备、扬声器的线路，当采用金属软管保护时，其长度不应大于2m。
2 敷设在多尘或潮湿场所管路的管口和管子连接处，均应做密封处理。
3 管子长度每超过30m，无弯曲时，应在便于接线处装设接线盒；管子长度每超过20m，有1个弯曲时，应在便于接线处装设接线盒；管子长度每超过10m，有2个弯曲时，应在便于接线处装设接线盒；管子长度每超过8m，有3个弯曲时，应在便于接线处装设接线盒。
4 金属管子入盒，盒外侧应套锁母，内侧应装护口；在吊顶内敷设时，盒的内外侧均应套锁母，塑料管入盒应采取相应固定措施。

图10.2.1 火灾自动报警系统施工工序流程图

5 明敷设各类管路和线槽时，应采用单独的卡具吊装或支撑物固定，吊装线槽或管路的吊杆直径不应小于6mm。

6 线槽敷设时，应在线槽起始端及接头处、距接线盒0.2m处、线槽转角或分支处、直线段不大于3m处设置吊点或支点。

7 线槽接口应平直、严密，槽盖应齐全、平整、无翘角。并列安装时，槽盖应便于开启。

8 管线经过建筑物的变形缝、沉降缝、伸缩缝、抗震缝等处，应采取补偿措施，导线跨越变形缝的两侧应固定，并留有适当余量。

10.2.3 线缆敷设应符合下列规定：

1 火灾自动报警系统的布线，应符合现行国家标准《建筑电气工程施工质量验收规范》（GB 50303）的规定。

2 火灾自动报警系统布线时，应根据现行国家标准《火灾自动报警系统设计规范》（GB 50116）的规定，对导线的种类、电压等级进行检查。

3 在管内或线槽内的布线，应在建筑抹灰及地面工程结束后进行，管内或线槽内不应有积水及杂物。

4 火灾自动报警系统应单独布线，系统内不同电压等级、不同电流类别的线路，不应布在同一管内或线槽的同一槽孔内。

5 导线在管内或线槽内，不应有接头或扭结。导线的接头，应在接线盒内焊接或用端子连接。

6 火灾自动报警系统导线敷设后，应用500V兆欧表测量每个回路导线对地的绝缘电阻，该绝缘电阻值不应小于20MΩ。

7 导线应根据不同用途选不同颜色加以区分，相同用途的导线颜色应一致。电源线正极应为红色，负极应为蓝色或黑色。

10.2.4 控制器类设备的安装应符合下列规定：

1 火灾自动报警控制器、可燃气体报警控制器、区域显示器、消防联动控制器等控制器类设备在墙上安装时，其底边距地（楼）面高度宜为1.3～1.5m，其靠近门轴的侧面距墙不应小于0.5m，正面操作距离不应小于1.2m；落地安装时，其底边宜高出地（楼）面0.1～0.2m。

2 控制器应安装牢固，不应倾斜。

3 引入控制器的电缆或导线，应配线整齐，不宜交叉，并应固定牢靠。

4 引入控制器的电缆或导线，电缆芯线和所配导线的端部，均应标明编号，并与图纸一致，字迹应清晰且不易褪色。

5 引入控制器的电缆或导线端子板的每个接线端，接线不得超过2根。

6 引入控制器的电缆或导线电缆芯和导线，应留有不小于200mm的余量。

7 引入控制器的电缆或导线应绑扎成束。

8 引入控制器的电缆或导线穿管、线槽后，应将管口、槽口封堵。

9 控制器的主电源应有明显的永久性标志，并应直接与消防电源连接，不得使用电源插头。控制器与其外接备用电源之间应直接连接。

10 控制器的接地应牢固，并有明显的永久性标志。

10.2.5 点型感烟、感温火灾探测器的安装应符合下列规定：

1 探测器至墙壁、梁边的水平距离，不应小于0.5m。

2 探测器周围水平距离0.5m内，不应有遮挡物。

3 探测器至空调送风口最近边的水平距离，不应小于1.5m；至多孔送风顶棚孔口的水平距离，不应小于0.5m。

4 在宽度小于3m的内走道顶棚上安装探测器时，宜居中安装。点型感温火灾探测器的安装间距小于等于10m；点型感烟火灾探测器的安装间距小于等于15m。探测器至端墙的距离，不应大于安装间距的一半。

5 探测器宜水平安装，当确需倾斜安装时，倾斜角不应大于45°。

10.2.6 线型红外光束感烟火灾探测器的安装应符合下列规定：

1 当探测区域的高度不大于20m时，光束轴线至顶棚的垂直距离宜为0.3～1.0m；当探测区域的高度大于20m时，光束轴线距探测区域的地（楼）面高度不宜超过20m。

2 发射器和接收器之间的探测区域长度不宜超过100m。

3 相邻两组探测器的水平距离不应大于14m。探测器至侧墙水平距离不应大于7m，且不应小于0.5m。

4 发射器和接收器之间的光路上应无遮挡物或干扰源。
5 发射器和接收器应安装牢固,并不应产生位移。

10.2.7 缆式线型感温火灾探测器安装应符合下列规定:
1 安装前应测量线缆线芯之间的绝缘状态,绝缘电阻值应大于500MΩ,安装时在末端预留2~3m长度用于试验,试验后将试验部分剪切去掉。
2 在电缆桥架、变压器等设备上安装时,宜采用接触式布置;在各种皮带输送装置上敷设时,宜敷设在装置的过热点附近。
3 缆式线型感温火灾探测器以正弦波接触式敷设,布设时应是连续无抽头、无分支的连续布设,且用固定卡具将其固定,卡具不能压得过紧,其一端接微机处理器,一端接终端盒。
4 安装过程中避免用金属直接压在缆式线型感温火灾探测器上,两者之间应有泡沫材料或橡胶隔离,安装期间不应在地上拖拉摩擦、用脚踩或重物压在上面,不要将其拉得过直。
5 缆式线型感温火灾探测器最小弯曲半径宜为10cm,不得硬性折弯或扭曲。最小固定直线距离宜为1m,弯曲部分应增加固定点。

10.2.8 敷设在顶棚下方的线型差温火灾探测器,至顶棚距离宜为0.1m,相邻探测器之间水平距离不宜大于5m;探测器至墙壁距离宜为1~1.5m。

10.2.9 可燃气体探测器的安装应符合下列规定:
1 安装位置应根据探测气体密度确定,若其密度小于空气密度,探测器应位于可能出现泄漏点的上方或探测气体的最高可能聚集点上方;若其密度大于或等于空气密度,探测器应位于可能出现泄漏点的下方。
2 在探测器周围应适当留出更换和标定的空间。
3 在有防爆要求的场所,应按防爆要求施工。
4 线型可燃气体探测器在安装时,应使发射器和接收器的窗口避免日光直射,且在发射器与接收器之间不应有遮挡物,两组探测器之间的距离应小于14m。

10.2.10 通过管路采样的吸气式感烟火灾探测器的安装应符合下列规定:
1 采样管应固定牢固。
2 采样管(含支管)的长度和采样孔应符合产品说明书的要求。
3 非高灵敏度的吸气式感烟火灾探测器不宜安装在天棚高度大于16m的场所。
4 高灵敏度吸气式感烟火灾探测器在设为高灵敏度时可安装在天棚高度大于16m的场所,并保证至少有2个采样孔低于16m。
5 安装在大空间时,每个采样孔的保护面积应符合点型感烟火灾探测器的保护面积要求。

10.2.11 点型火焰探测器和图像型火灾探测器的安装应符合下列规定：
1 安装位置应保证其视场角覆盖探测区域。
2 与保护目标之间不应有遮挡物。
3 安装在室外时应有防尘、防雨措施。

10.2.12 探测器的底座应安装牢固，与导线连接应可靠压接或焊接。当采用焊接时，不应使用带腐蚀性的助焊剂。

10.2.13 探测器底座的连接导线，应留有不小于150mm的余量，且在其端部应有明显标志。

10.2.14 探测器底座的穿线孔宜封堵，安装完毕的探测器底座应采取保护措施。

10.2.15 探测器报警确认灯应朝向便于人员观察的主要入口方向。

10.2.16 探测器在即将调试时方可安装，在调试前应妥善保管并应采取防尘、防潮、防腐蚀措施。

10.2.17 手动火灾报警按钮安装应符合下列规定：
1 手动火灾报警按钮应安装在明显和便于操作的部位。当安装在墙上时，其底边距地（楼）面高度宜为1.3~1.5m。
2 手动火灾报警按钮应安装牢固，不应倾斜。
3 手动火灾报警按钮的连接导线应留有不小于150mm的余量，且在其端部应有明显标志。

10.2.18 消防电气控制装置安装应符合下列规定：
1 消防电气控制装置在安装前，应进行功能检查，不合格者不得安装。
2 消防电气控制装置外接导线的端部，应有明显的永久性标志。
3 消防电气控制装置箱体内不同电压等级、不同电流类别的端子应分开布置，并应有明显的永久性标志。
4 消防电气控制装置应安装牢固，不应倾斜；安装在轻质墙上时，应采取加固措施。消防电气控制装置在消防控制室内安装时，还应符合本规范第10.2.4条规定。

10.2.19 模块安装应符合下列规定：
1 同一报警区域内的模块宜集中安装在金属箱内。
2 模块（或金属箱）应独立支撑或固定，安装牢固，并应采取防潮、防腐蚀等措施。

3 模块的连接导线应留有不小于150mm的余量，其端部应有明显标志。隐蔽安装时在安装处应有明显的部位显示和检修孔。

10.2.20 火灾应急广播扬声器和火灾警报装置安装应符合下列规定：
1 火灾应急广播扬声器和火灾警报装置安装应牢固可靠，表面不应有破损。
2 火灾光警报装置应安装在安全出口附近明显处，距地面1.8m以上。光警报器与消防应急疏散指示标志不宜在同一面墙上，安装在同一面墙上时，距离应大于1m。
3 扬声器和火灾声警报装置宜在报警区域内均匀安装。

10.2.21 消防专用电话安装应符合下列规定：
1 消防电话、电话插孔、带电话插孔的手动报警按钮宜安装在明显便于操作的位置；当在墙面上安装时，其底边距地（楼）面高度宜为1.3~1.5m。
2 消防电话和电话插孔应有明显的永久性标志。

10.2.22 气体灭火系统设备安装应符合现行国家标准《气体灭火系统施工及验收规范》（GB 50263）的规定。

10.3 防雷及接地

10.3.1 火灾自动报警系统用电设备的金属外壳、机柜、机架、金属管、槽、浪涌保护器接地端等应有接地保护，均应以最短的距离与等电位连接网络接地端子连接。

10.3.2 综合接地装置施工完毕后，应按规定测量接地电阻且其值不应大于1Ω。

10.3.3 火灾自动报警系统防雷应满足现行国家标准《建筑物电子信息系统防雷技术规范》（GB 50343）及其他相关标准的规定，系统配电箱、终端设备应按设计要求配置防雷单元。

10.4 系统接口

10.4.1 火灾自动报警系统应按设计要求，做好与土建、消防水系统、电梯、综合监控等其他工程接口对接，确保在火灾情况下满足消防联动控制要求。

10.4.2 火灾自动报警与土建工程接口应符合下列规定：
1 房间的隔墙已砌筑完毕、预留孔槽无遗漏。
2 消防系统设备与消火栓、导向牌（或指示牌）、进出站边门、围栏等其他设备不冲突，操作和维护距离满足设计要求。

3 墙面、地面装饰完毕。

4 设备安装位置预留出线口，出线口尺寸、数量、位置符合设计要求。预留安装设备的出线口制作活动地板或装饰面板。

10.5 单机调试

10.5.1 火灾自动报警控制器调试应包括下列内容：

1 按现行国家标准《火灾报警控制器》（GB 4717）的有关规定对控制器进行各项功能检查并记录。

2 调试前应切断火灾自动报警控制器的所有外部控制连线，并将任一个总线回路的火灾探测器以及该总线回路上的手动火灾自动报警按钮等部件连接后，方可接通电源。

3 检查自检、操作级别、消音和复位、屏蔽等特有的其他功能。

4 使控制器与探测器之间的连线断路和短路，控制器应在100s内发出故障信号；在故障状态下，使任一非故障部位的探测器发出火灾报警信号，控制器应在1min内发出火灾报警信号，并应记录火灾报警时间；再使其他探测器发出火灾报警信号，检查控制器的再次报警功能。

5 使控制器与备用电源之间的连线断路和短路，控制器应在100s内发出故障信号。

6 使总线隔离器保护范围内的任一点短路，检查总线隔离器的隔离保护功能。

7 使任一总线回路上不少于10只的火灾探测器同时处于火灾报警状态，检查控制器的负载功能。

8 检查主、备电源的自动转换功能，并在备电工作状态下遵照本规范第10.5.1条第7款检查。

9 依次将其他回路与火灾报警控制器相连接，重复本规范第10.5.1条第4、6、7款检查。

10.5.2 点型感烟、感温火灾探测器调试应符合下列规定：

1 采用专用的检测仪器或模拟火灾的方法，逐个检查每只火灾探测器的报警功能，探测器应能发出火灾报警信号。

2 不可恢复的火灾探测器应采取模拟报警方法逐个检查其报警功能，探测器应能发出火灾报警信号。当有备品时，可抽样检查其报警功能。

10.5.3 线型感温火灾探测器调试应符合下列规定：

1 在不可恢复的探测器上模拟火警和故障，探测器应能分别发出火灾报警和故障信号。

2 可恢复的探测器可采用专用检测仪器或模拟火灾的办法使其发出火灾报警信号，并在终端盒上模拟故障，探测器应能分别发出火灾报警和故障信号。

10.5.4 通过管路采样的吸气式火灾探测器调试应符合下列规定：

1 在采样管最末端采样孔加入试验烟，探测器或其控制装置应在120s内发出火灾报警信号。

2 根据产品说明书，改变探测器的采样管路气流，使探测器处于故障状态，探测器或其控制装置应在100s内发出故障信号。

10.5.5 点型火焰探测器和图像型火灾探测器调试应采用专用检测仪器和模拟火灾的方法在探测器监视区域内最不利处检查探测器的报警功能，探测器应能正确响应。

10.5.6 手动火灾报警按钮调试应符合下列规定：

1 对可恢复的手动火灾报警按钮，施加适当的推力使报警按钮动作，报警按钮应发出火灾报警信号。

2 对不可恢复的手动火灾报警按钮应采用模拟动作的方法使报警按钮发出火灾报警信号，报警按钮应发出火灾报警信号。

10.5.7 气体灭火控制器调试应符合下列规定：

1 切断气体灭火控制器的所有外部控制连线，接通电源。

2 给气体灭火控制器输入设定的启动控制信号，控制器应有启动输出，并发出声、光启动信号。

3 输入启动设备启动的模拟反馈信号，控制器应在10s内接收并显示。

4 检查控制器的延时功能，延时时间应在0~30s内可调。

5 使控制器处于自动控制状态，再手动插入操作，手动插入操作应优先。

6 检查控制器向消防联动控制器发送的启动、反馈信号正确无误。

10.5.8 防火卷帘控制器调试应符合下列规定：

1 防火卷帘控制器应与消防联动控制器、火灾探测器、卷门机连接并通电，防火卷帘控制器应处于正常监视状态。

2 手动操作防火卷帘控制器的按钮，防火卷帘控制器应能向消防联动控制器发出防火卷帘启、闭和停止的反馈信号。

3 用于疏散通道的防火卷帘控制器应具有两步关闭的功能，并应向消防联动控制器发出反馈信号。防火卷帘控制器接收到首次火灾报警信号后，应能控制防火卷帘自动关闭到中位处停止；接收到二次报警信号后，应能控制防火卷帘继续关闭至全闭状态。

4 用于分隔防火分区的防火卷帘控制器在接收到防火分区内任一火灾报警信号后，应能控制防火卷帘到全关闭状态，并应向消防联动控制器发出反馈信号。

10.5.9 对系统内其他受控部件的调试应按相应的产品标准进行，在无相应国家标准或行业标准时，宜按产品生产企业提供的调试方法分别进行。

10.5.10 火灾自动报警系统的系统性能调试应符合下列规定：

1 将所有经调试合格的各项设备、系统按设计连接组成完整的火灾自动报警系统，检查系统的各项功能。

2 火灾自动报警系统在连续运行120h无故障后，按规定填写调试记录表。

10.5.11 消防联动控制器调试应符合下列规定：

1 将消防联动控制器与火灾报警控制器、任一回路的输入/输出模块及该回路模块控制的受控设备相连接，切断所有受控现场设备的控制连线，接通电源。

2 按现行国家标准《消防联动控制系统》（GB 16806）的有关规定检查消防联动控制系统内各类用电设备的各项控制、接收反馈信号和显示功能。

3 使消防联动控制器分别处于自动工作和手动工作状态，检查其状态显示，并按现行国家标准《消防联动控制系统》（GB 16806）的有关规定进行功能检查并记录，控制器应满足本条第4款~9款相应规定。

4 检查自检功能、操作级别、消音和复位、屏蔽功能。

5 消防联动控制器与各模块之间的连线断路和短路时，消防联动控制器能在100s内发出故障信号。

6 消防联动控制器与备用电源之间的连线断路和短路时，消防联动控制器应能在100s内发出故障信号。

7 使总线隔离器保护范围内的任一点短路，检查总线隔离器的隔离保护功能。

8 使至少50个输入/输出模块同时处于动作状态，检查消防联动控制器的最大负载功能。

9 检查主、备电源的自动转换功能，并在备电工作状态下重复第10条检查。

10 接通所有启动后可以恢复的受控现场设备。

11 使消防联动控制器的工作状态处于自动状态，按现行国家标准《消防联动控制系统》（GB 16806）的有关规定和设计的联动逻辑关系进行本条中第12、13款功能检查并记录。

12 按设计的联动逻辑关系，使相应的火灾探测器发出火灾报警信号，检查消防联动控制器接收火灾报警信号情况、发出联动信号情况、模块动作情况、受控设备的动作情况、受控现场设备动作情况、接收反馈信号及各种显示情况。

13 检查手动插入优先功能。

14 使消防联动控制器的工作状态处于手动状态，按现行国家标准《消防联动控制系统》（GB 16806）的有关规定和设计的联动逻辑关系依次手动启动相应的受控设备，检查消防联动控制器发出联动信号情况、模块动作情况、受控设备的动作情况、受控现场设备动作情况、接收反馈信号及各种显示情况。

15 对于直接用火灾探测器作为触发器件的自动灭火控制系统除符合本节有关规定外，尚应按现行国家标准《火灾自动报警系统设计规范》（GB 50116）相关规定进行功能检查。

10.5.12 区域显示器调试应将区域显示器与火灾报警控制器相连接,按现行国家标准《火灾显示盘》(GB 17429)的有关规定检查下列功能并记录:

1 区域显示器能否在3s内正确接收和显示火灾报警控制器发出的火灾报警信号。
2 消音、复位功能。
3 操作级别。
4 对于非火灾报警控制器供电的区域显示器,应检查主、备电源的自动转换功能和故障报警功能。

10.5.13 可燃气体报警控制器调试应符合下列规定:

1 切断可燃气体报警控制器的所有外部控制连线,将任一回路与控制器相连接后,接通电源。
2 控制器应按现行国家标准《可燃气体报警控制器》(GB 16808)的有关规定进行功能试验,并应满足本条中第3~11款要求。
3 检查自检功能和操作级别。
4 控制器与探测器之间的连线断路和短路时,控制器应在100s内发出故障信号。
5 在故障状态下,使任一非故障探测器发出报警信号,控制器应在1min内发出报警信号,并应记录报警时间;再使其他探测器发出报警信号,检查控制器的再次报警功能。
6 消音和复位功能正常。
7 控制器与备用电源之间的连线断路和短路时,控制器应在100s内发出故障信号。
8 高限报警或低、高两段报警功能正常。
9 报警设定值的显示功能正常。
10 控制器最大负载功能,使至少4只可燃气体探测器同时处于报警状态。
11 检查主、备电源的自动转换功能,并在备电工作状态下遵照本规范第10.5.13条第10款检查。
12 依次将其他回路与可燃气体报警控制器相连接,应符合本规范第10.5.13条的检查。

10.5.14 可燃气体探测器调试应符合下列规定:

1 依次逐个将可燃气体探测器按产品生产企业提供的调试方法使其正常动作,探测器应发出报警信号。
2 对探测器施加达到响应浓度值的可燃气体标准样气,探测器应在30s内响应。撤去可燃气体,探测器应在60s内恢复到正常监视状态。
3 对于线型可燃气体探测器,除符合本节规定外,尚应将发射器发出的光全部遮挡,探测器相应的控制装置应在100s内发出故障信号。

10.5.15 消防电话调试应符合下列规定：

1 在消防控制室与所有消防电话、电话插孔之间互相呼叫与通话，总机应能显示每部分机或电话插孔的位置，呼叫铃声和通话语音应清晰。

2 消防控制室的外线电话与另外一部外线电话模拟报警电话通话，语音应清晰。

3 检查群呼、录音等功能，各项功能均应符合要求。

10.5.16 消防应急广播设备调试应符合下列规定：

1 以手动方式在消防控制室对所有广播分区进行选区广播，对所有共用扬声器进行强行切换；应急广播应以最大功率输出。

2 对扩音机和备用扩音机进行全负荷试验，应急广播的语音应清晰。

3 对接入联动系统的消防应急广播设备系统，使其处于自动工作状态，然后按设计的逻辑关系，检查应急广播的工作情况，系统应按设计的逻辑广播。

4 使任意一个扬声器断路，其他扬声器的工作状态不应受影响。

10.5.17 系统备用电源调试应符合下列规定：

1 检查系统中各种控制装置使用的备用电源容量，电源容量应与设计容量相符。

2 使各备用电源放电终止，再充电48h后断开设备主电源，备用电源至少应保证设备工作8h，且应满足相应的标准及设计要求。

11 环境与设备监控系统

11.1 一般规定

11.1.1 环境与设备监控系统工程应包括管槽安装、布线及设备安装、系统调试、防雷及接地、系统接口、单机调试等。

11.1.2 环境与设备监控系统工程施工应满足现行国家标准《自动化仪表工程施工及质量验收规范》（GB 50093）、《城市轨道交通综合监控系统工程技术标准》（GB/T 50636）和《建筑工程施工质量验收统一标准》（GB 50300）等的规定。

11.1.3 环境与设备监控系统进场施工前，房屋主体结构应已施工完成。

11.1.4 环境与设备监控系统施工应按规定的程序进行，应进行接口检查并与土建及其他专业工种互相配合。

11.2 布线及设备安装

11.2.1 环境与设备监控系统施工工序流程可按图11.2.1所示流程进行。

11.2.2 管线敷设应符合下列规定：
1 管槽预埋应符合现行国家标准《电缆管理用导管系统 第21部分：刚性导管系统的特殊要求》（GB/T 20041.21）的规定。管线安装应符合现行国家标准《建筑电气工程施工质量验收规范》（GB 50303）和《自动化仪表工程施工及质量验收规范》（GB 50093）的规定。
2 通信电缆的线缆端接、线缆敷设引入及接续应符合现行国家标准《综合布线系统工程验收规范》（GB/T 50312）的规定。
3 信号线与电源线应分开敷设。
4 信号线宜直接进入设备端子，当采用屏蔽线时，屏蔽层应连续，接地点宜选择信源端。
5 动力电缆、控制电缆、通信电缆的防火、防毒性能及芯线备用余量应符合设计要求。

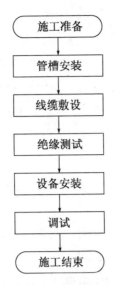

图 11.2.1　环境与设备监控系统施工工序流程图

6　所有线缆应在两端进行标注,标注应包括起点、终点、类型和编号,标注应清晰完整。

11.2.3　设备安装应符合下列规定:

1　控制箱、柜、盘的安装应符合现行国家标准《建筑电气工程施工质量验收规范》(GB 50303)及《自动化仪表工程施工及质量验收规范》(GB 50093)的规定。

2　应根据施工图纸及产品设计图对控制箱、柜、盘进行全面检查,控制箱、柜、盘应数量准确、漆饰良好、内部部件齐全、安装稳固、配线正确。

3　控制箱、柜、盘的安装位置与方式应符合设计要求,且应满足维修和维护要求。

4　控制箱、柜、盘在安装完成后,应进行防护,内外清洁,箱盖、门开闭灵活,箱内接线整齐,回路编号齐全、正确。

5　底座设备的底座尺寸,应与设备相符,其直线允许偏差为±1mm/m,当底座的总长超过5m时,全长允许偏差为±5mm。

6　设备底座安装时,其上表面应保持水平,水平方向的倾斜度允许偏差为±1mm/m,当底座的总长超过5m时,全长允许偏差为±5mm。

7　控制箱、柜、盘应避开送风口。管道阀门等下方位置安装。当无法避开时,应采取防水保护措施。

8　安装在防静电地板上的控制柜、盘应设置专用设备安装底座,底座上表面应保持水平。

9　控制箱、柜、盘安装应横平、竖直、牢固。成排安装的控制箱、柜的正面宜平齐,高度宜一致,相邻箱、柜之间的接缝间隙不应大于2mm,成排安装的控制箱、柜的主开门方向应一致。

10　挂墙安装的控制箱应安装在承重墙上或采取加固措施,安装高度应符合设计要求。

11 设备铭牌字迹应清晰完整、参数正确。

12 箱/柜的金属框架及基础型钢应接地或接零可靠，设备基础型钢应与结构钢筋进行电气隔离；装有电器的可开启门，门和框架的接地端子间应与铜编织带连接，且有标识，配有独立的电源控制开关，并留有一定的备点。

13 传感器、变送器、执行器、电动二通阀的安装应符合现行国家标准《智能建筑工程施工规范》（GB 50606）和《自动化仪表工程施工及质量验收规范》（GB 50093）的规定。

14 传感器、变送器、执行器、电动二通阀的外观应完整，附件应齐全，型号、规格及材质应符合设计要求。

15 传感器、变送器、执行器、电动二通阀的安装位置和方式应符合设计要求，安装应牢固、平整，安装时不得敲击及晃动。

16 传感器、变送器、执行器、电动调节阀应进行计量校验和标定。

17 综合监控系统的电源、接地和防雷应符合现行国家标准《建筑电气工程施工质量验收规范》（GB 50303）的规定。

18 综合监控系统设备电源接线、设备接地、浪涌保护器设置应符合设计要求。

11.3 防雷及接地

11.3.1 用电设备的金属外壳、机柜、机架、金属管、槽、浪涌保护器接地端等应有接地保护，均应以最短的距离与等电位连接网络接地端子连接。

11.3.2 综合监控系统与其他系统共用接地装置，接地电阻值不应大于1Ω。

11.3.3 综合监控系统防雷应满足现行国家标准《建筑物电子信息系统防雷技术规范》（GB 50343）及其他相关标准的规定，系统配电箱、终端设备应按设计配置防雷单元。

11.3.4 采用屏蔽布线系统时，应保持系统中屏蔽层的连续性，且屏蔽层应采用单端屏蔽接地。

11.3.5 综合监控系统的接地和防雷应符合现行国家标准《建筑电气工程施工质量验收规范》（GB 50303）的规定。

11.3.6 综合监控系统设备接地、浪涌保护器设置应符合设计要求。

11.4 系统接口

11.4.1 综合监控系统应按设计要求，做好与土建、火灾报警、信号、门禁等其他工程接口对接，满足系统功能要求。

11.4.2 综合监控与土建工程接口应符合下列规定：
1 房间的隔墙已砌筑完毕、预留孔槽无遗漏。
2 综合系统设备与消火栓、导向牌（指示牌）、进出站边门、围栏等其他设备不冲突，操作和维护距离满足设计要求。
3 设备安装位置预留出线口，出线口尺寸、数量、位置符合设计要求。预留安装设备的出线口制作活动地板或装饰面板。

11.5 单机调试

11.5.1 上电后各设备、模块工作指示灯状态应正常。

11.5.2 设备的硬件配置、软件配置、网络地址设置、预置参数应符合设计要求。

11.5.3 设备中预装的软件登录应正常，应用程序、调试工具软件应运行正常。

11.5.4 综合监控系统与监控对象的点对点测试应按测点清单进行全部测试。

11.5.5 人机界面至现场监控对象的端到端测试应一次完成，并应按测点清单进行抽样测试，且应符合下列规定：
1 经过100%模拟点到点测试的，抽测应覆盖所有设备类型，抽测点数不应低于该接口专业总点数的10%，抽测中如发现任何错误，应增加抽测比例至20%。
2 模拟测试后若有设计变更，对变更部分应进行全部测试。
3 控制类测点应在现场进行全部端到端测试，不得进行抽测。

11.5.6 综合后备硬线接口应在现场进行全部端到端测试。

12 门禁系统

12.1 一般规定

12.1.1 门禁系统工程应包括布线及前端设备安装、终端设备安装、系统调试、防雷及接地、系统接口等。

12.1.2 门禁系统工程施工应满足现行国家标准《自动化仪表工程施工及质量验收规范》（GB 50093）、《建筑电气工程施工质量验收规范》（GB 50303）等的规定。

12.1.3 门禁系统进场施工前，房屋主体结构应已施工完成。

12.1.4 门禁系统施工应按规定的程序进行，应进行接口检查并与土建及其他专业工种互相配合。

12.2 布线及前端设备安装

12.2.1 门禁系统施工工序流程可按图 12.2.1 所示流程进行。

图 12.2.1 门禁系统施工工序流程图

12.2.2 管线敷设应符合下列规定：

1 管线安装应符合现行国家标准《建筑电气工程施工质量验收规范》（GB 50303）和《自动化仪表工程施工及质量验收规范》（GB 50093）的规定。

2 明配管敷设应横平竖直、整齐美观，暗配管敷设应管路短、畅通、弯头少。

3 线管在转弯处或直线距离每超过1.5m应加固定卡子。

4 电线线管的弯曲半径应符合所穿入电缆弯曲半径的规定。

5 线管的连接应加套管连接或扣连接，线管分支处应加分线盒。

6 在不进入箱（盒）内的垂直管口，穿入导线后，应将管口做密封处理。

7 导线在管内或线槽内，不应有接头或扭结；导线的接头，应在接线盒内焊接或用端子连接。

8 电源线与信号线要分别穿管，且两管长距离平行布置时应相距30cm以上；交流220V电源由管理中心UPS统一供至各门禁点，在某些情况下对于小型门禁系统交流220V电源也可就近取电，但应符合相关规范。

12.2.3 前端设备安装应符合下列规定：

1 前端设备主要包括门禁主机、计算机、打印机、不间断电源等。

2 控制主机和键盘安装在立面墙上或置于工作台上。

12.3 终端设备安装

12.3.1 终端设备主要包括门禁控制器、电控锁、电磁锁、出门按钮、读卡器、密码键盘等。

12.3.2 终端设备安装应符合下列规定：

1 箱体板与框架应与建筑物表面配合严密；不得采用电焊或气焊将箱体与预埋管口焊在一起。控制器箱安装方位通常依设计而定，在无具体要求时宜安装于较隐蔽或安全的地方。

2 控制器箱的交流电源应单独走线，不得与信号线和低压直流电源线穿在同一管内。

3 安装明装壁挂式控制器箱时，找准高程进行钻孔，埋入胀管螺栓进行固定。要求箱体背板与墙面平齐，其高度以设计要求为准。

4 终端设备安装时要与相关专业配合在门框、门扇上开孔，做好接口对接。

5 读卡器、出门按钮、电控锁、电磁锁等终端设备的安装位置应符合设计及产品说明书的要求。如无特殊要求，读卡器和出门按钮的安装高度宜为1.4m，与门框的距离宜为0.1m。

6 读卡器的安装应紧贴墙面，安装牢固，配件齐全。

7 读卡器宜直接固定在暗装底盒上，注意固定牢固可靠，面板端正。

8　按设计及产品说明书的接线要求，将盒内甩出的导线与读卡器的接线端子相连接。

9　安装电磁锁、电控锁之前应核对锁具的规格、型号与其安装的位置、高度、门的种类和开关方向相适应。

10　在金属门框安装电控锁，导线可穿软塑料管沿门框敷设，在门框顶部进入接线盒。木门框可在电控锁外门框的外侧安装接线盒及钢管。

12.4　防雷及接地

12.4.1　防雷及接地包括门禁工程内电气设备的金属外壳、机柜、机架、金属管、槽等应有接地保护，均应以最短的距离与等电位连接网络接地端子连接等工程。

12.5　系统接口

12.5.1　门禁系统应按设计要求，做好与土建、火灾报警、综合监控、通信等其他工程接口对接，满足系统功能要求。

12.5.2　门禁与土建接口应符合下列规定：
1　房间的隔墙已砌筑完毕、预留孔槽无遗漏。
2　门禁系统设备与消火栓、导向牌（或指示牌）、进出站边门、围栏等其他设备不冲突，操作和维护距离满足设计要求。
3　设备安装位置预留出线口，出线口尺寸、数量、位置符合设计要求。预留安装设备的出线口制作活动地板或装饰面板。

12.6　单机调试

12.6.1　硬件功能调试应符合下列规定：
1　主控制器、读卡接口模块通电状态、启动状态正常。
2　主控制器与调试软件联通正常。
3　读卡接口模块与网络控制器的联通正常。
4　主控制器与其连接相关下属设备的联通正常。
5　主控制器、读卡接口模块断、加电测试显示正常。
6　在门自然关闭下，电控锁能够正常顺利工作。
7　读卡器报警声音宜为静默，在"门常开报警"、"强行开门报警"时将产生报警声音。
8　出门及紧急按钮确保能够正常开门。

12.6.2 软件功能调试应符合下列规定：

1 功能调试：主要调试通信回路的设置及其通信速率，IC卡的通行级别，持卡人的录入，各个控制器所管理的门禁点的工作模式（如单开门、群控），门禁点的工作时间表等。

2 信息处理能力的调试：主要包括报警信息的打印、储存、操作者记录、门禁信息的输出、历史记录查询、电子地图等功能的调试。

13 站内客运设备

13.1 一般规定

13.1.1 站内客运设备工程应包括设备安装、防雷及接地、系统接口、单机调试等。

13.1.2 站内客运设备工程施工应满足现行国家标准《电梯工程施工质量验收规范》（GB 50310）、《电梯制造与安装安全规范》（GB 7588）、《自动扶梯和自动人行道的制造与安装安全规范》（GB 16899）等的规定。

13.1.3 站内客运设备进场施工前，房屋主体结构应已施工完成。

13.1.4 站内客运设备施工前应报当地技术监督部门审批，按规定的程序进行，应进行接口检查并与土建及其他专业工种互相配合。

13.2 设备安装

13.2.1 设备安装施工工序流程可按图 13.2.1 所示流程进行。

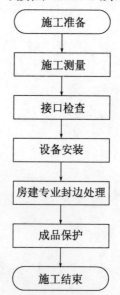

图 13.2.1 设备安装施工工序流程图

13.2.2 电梯、自动扶梯及自动人行道设备安装应符合现行国家标准《电梯制造与安装安全规范》（GB 7588）、《自动扶梯和自动人行道的制造与安装安全规范》（GB 16899）的规定。

13.2.3 设备安装前应制定详细运输、吊装方案，并经相关单位批准。

13.2.4 设备进场应做好开箱检查，确保设备名称、规格、型号、技术条件符合设计要求，设备表面应无缺陷、缺损、损坏、锈蚀、受潮的现象。

13.2.5 设备吊装就位前应对吊钩进行拉拔试验，确保其允许负荷大于等于设计要求。

13.2.6 设备吊装前应核对预留孔洞的尺寸、平直度及吊钩位置。

13.3 防雷及接地

13.3.1 电气设备保护线的连接应符合供电系统接地形式的要求。

13.3.2 所有电气设备的金属外壳均要接地良好，通过接地线分别接到接地端子或接地螺栓上，不得在外壳串接后再接地。

13.4 系统接口

13.4.1 电梯、自动扶梯及自动人行道应按设计要求，做好与装修、综合监控等其他工程接口对接，满足系统功能要求。

13.4.2 电梯、自动扶梯及自动人行道与土建工程接口应符合下列规定：
1 土建提供扶梯上、下部机坑及支撑座安装条件、预埋件、装修收口等。
2 核对支撑梁吊钩承载力，并及时提供给土建支点预埋件位置及预埋件的要求。
3 土建提供设备出入口地表高程，并做好设备周围地面装修。
4 核查自动扶梯下底坑排水设施，确保扶梯内部进水可引至扶梯下底坑。

13.4.3 综合监控系统工作站上应监视及接收电梯、自动扶梯及自动人行道的相关信息，在紧急情况下通过IBP盘手动按钮实现对自动扶梯的紧急停止。

13.5 单机调试

13.5.1 电梯、自动扶梯及自动人行道调试应符合现行国家标准《自动扶梯和自动人行道的制造与安装安全规范》（GB 16899）、《电梯制造与安装安全规范》（GB 7588）的规定。

14 给水与排水

14.1 一般规定

14.1.1 给水与排水工程应包括支吊架安装、管道及配件安装、设备安装、卫生器具安装、防雷与接地、系统接口及单机调试等。

14.1.2 给水与排水工程的施工应按规定的程序进行,并与土建及其他专业工种互相配合。

14.1.3 给水与排水工程施工应满足现行国家标准《建筑给水排水及采暖工程施工质量验收规范》(GB 50242)及《给水排水管道工程施工及验收规范》(GB 50268)的规定。

14.1.4 给水与排水工程进场施工前土建主体结构应完成。

14.2 支吊架安装

14.2.1 钢管管道应采用镀锌角钢及槽钢作为支吊架,塑料管道应采用专用卡固定。

14.2.2 支架上的钻孔应采用台钻加工,应用氧乙炔割孔。钻孔直径应比所穿螺栓的直径大2mm左右。

14.2.3 管卡须根据相应部位保温层厚度选用相应保温管卡,管卡紧固螺栓应加设平垫和弹簧垫片,螺栓及平弹垫选用不锈钢件。保温层厚度及范围应符合下列规定:
 1 支架的各部件应在组焊前校核其尺寸,确认无误后再进行组对和点固焊。点焊成型后用角尺或标准样板校核组对角度,要确保支承角钢与底座钢板保持垂直。并在工作台上整形,最后完成所有焊缝的焊接。支吊架焊接完成后进行检查,确保焊接牢固,无漏焊、少焊现象,对镀锌层破坏处涂刷两道铁红防锈漆及两道面漆进行防腐处理。
 2 支架安装应水平,不能出现偏位现象。立管在每层离地面1.5~1.8m处安装至少1副支架,每层不少于2副支架。
 3 有综合支吊架处按综合支吊架图纸施工,在管道连接处、转弯处及设有阀件处增加支架或吊架数量。

条文说明

对于金属管道立管安装要求,《建筑给水排水及采暖工程施工质量验收规范》(GB 50242—2002)第3.3.11条第3款规定如下：

"管卡安装高度，距地面应为1.5~1.8m，2个以上管卡应匀称安装，同一房间管卡应安装在同一高度上。"

14.3 管道与配件安装

14.3.1 测量放线应符合下列规定：

1 校对施工图和测量器具，标示支吊架位置尺寸，管道定位、弹线，支架定位、弹线。

2 管道放线由总管到干管，再到支管进行放线定位。放线前，逐层、逐区域进行细部会审，使各管线互不交叉，同时留出保温、绝热及其他操作空间。

14.3.2 管道安装应符合下列规定：

1 管子用专用切管机或切管器按照施工尺寸切断，管子的切割面与管子中心线垂直，管子端部与外表面应光滑平整、清洁、无油污，切割后应采用不锈钢专用锉刀或专用除毛刺器清除管端外口毛刺和切屑。

2 使用专用画线器在管子的端部画标记线一周做记号，保证管子连接完成。

3 把卡压工具钳口的环状凹部与管件端部内装有橡胶圈的环状凸部靠紧，工具的钳口应与管子轴心呈垂直状。开始作业后，凹槽部应咬紧管件，直到产生轻微振动。

4 卡压连接后，用各种规格专用六角量规确认卡压尺寸已完全卡入六角量规。

14.3.3 阀门及其他附件安装应符合下列规定：

1 安装前按设计要求，检查其种类、规格、型号及质量，阀杆不得弯曲，按规定对阀门进行试压，阀门应无质量问题。

2 阀门进场后先随机抽取10%作阀门打压试验，阀门的强度试验压力为公称压力的1.5倍，严密性试验的压力为公称压力的1.1倍。

3 阀门安装的位置除施工图注明尺寸以外，宜就现场情况，做到不妨碍设备的操作和维修。

条文说明

本款参照《建筑给水排水及采暖工程施工质量验收规范》(GB 50242—2002)，其具体要求如下：

"3.2.4 阀门安装前，应做强度和严密性试验。试验应在每批（同牌号、同型号、同规格）数量中抽查10%，且不少于一个对于安装在主干管上起切断作用的闭路阀门，应逐个做强度和严密性试验。

3.2.5 阀门的强度和严密性试验，应符合以下规定：阀门的强度试验压力为公称压力的1.5倍；严密性试验压力为公称压力的1.1倍；试验压力在试验持续时间内应保持不变，且壳体填料及阀瓣密封面无渗漏。"

14.4 设备安装

14.4.1 给水设备安装应符合以下规定：

1 水泵就位前的基础混凝土强度、坐标、高程、尺寸和螺栓孔位置应符合设计规定。

2 敞口水箱的满水试验和密闭水箱（罐）的水压试验应符合设计与本规范的规定。

3 立式水泵的减振装置不应采用弹簧减振器。

14.4.2 排水泵安装应符合下列规定：

1 水泵基座表面平整，强度符合设计要求。
2 基座地脚螺栓埋设位置正确、牢固。
3 水泵底座与基座接触严密。
4 水泵的管口与管道连接应严密，无渗漏水现象。

14.5 卫生器具安装

14.5.1 卫生器具安装应符合下列规定：

1 卫生器具的搬运应轻拿轻放，防止碰伤。堆放平稳整齐，地面洁净无积水。铜质附件应保存于干燥洁净的库房。

2 卫生器具安装前，对瓷质器具、铜质附件进行检查，不得有结疤、裂纹、砂眼等现象，外观光滑，各个连接口与管道部件的直径吻合。

3 卫生器具应用金属支托架固定，埋设平整牢固，与瓷质器具接触应紧密。因瓷质器具不平整，可在支托架上垫木片或橡胶板，垫片须与支托架紧固。

14.5.2 地漏安装在地面最低处，箅子顶面应低于地面5mm；为正确控制高程，应在室内地面面砖施工时配合安装地漏；地漏安装后应封堵，防止建筑垃圾进入排水管；地漏箅子应拆下保管，待交工验收时装上，防止丢失。

14.6 防雷与接地

14.6.1 防雷与接地包括给水与排水工程内电气设备接地、区间管道、接地体连接等工程。

14.7 系统接口

14.7.1 给水及排水接口包括与土建、动力照明、通风空调、火灾报警系统、综合监控系统、市政等其他工程的接口。

14.7.2 给水及排水与土建接口应包括基础预留孔洞、水管穿墙的尺寸、位置符合设计及设备安装要求的规定。

14.7.3 给水与排水工程与市政专业的接口应包括给水与排水管网的高程、位置。

14.8 单机调试

14.8.1 调试准备应符合下列规定：
1 准备完整的系统图、控制原理图、电缆联系图及其他技术资料。
2 调试仪器均经计量局检验合格，且在其有效期内方可使用。
3 对所有设备及元器件做全面的清扫和外观检查，包括：安装位置应准确；铭牌数据符合设计要求；机械结构完整，可动部分传动状况应良好；裸露带电部分相间及对地净距满足要求等。
4 检查管道应横平竖直，无漏卡、虚焊、无松动。

14.8.2 给水与排水系统调试方案应包含管道试验、管道冲洗与消毒、单机调试。

14.8.3 管道试压调试应符合下列规定：
1 管道安装完成后，应及时进行分区、分段水压试验工作，并及时填写水压试验记录。管道试压前，按图纸进行仔细核对，确认管道安装无误，支吊架安装正确、紧固可靠。
2 缓慢升压，达到试验压力后，稳压 10min，再将试验压力降至工作压力，停压 30min，以压力不降、无渗漏为合格。
3 排水管道安装完毕后应进行充水试验，试验介质采用自来水；试验时，先将排出管外端及底层地面上各承接口堵严，然后往管内灌水，对管段进行外观检查，以液面不下降、管道与配件接口无渗漏为合格。

4　通球试验程序由上而下进行，以不堵为合格。胶球从排水管立管顶端投入，并注入一定的水量于管内，使球能顺利流出为合格。

　　5　在管道的通球试验合格后，做管道通水试验，管道排水畅通且无渗漏为合格。

14.8.4　新建给水管道在使用及与设备连接以前，应经过冲洗、消毒。管道冲洗、消毒应包含以下内容：

　　1　冲洗前把需冲洗的管段与其他管道断开，冲洗时用不低于1.5m/s流速冲洗水管，在管道末端选择几个放水点将冲洗水排出。直至冲洗到排出水不含杂质、水色透明为止。

　　2　用钢板自制一台2m^3敞口水箱，并灌满洁净自来水，向注满水的水箱内投漂白粉，配制出每升含20~30mg的漂白粉水溶液，然后用电动试压泵将漂白粉溶液灌入生活给水管中。漂白粉水溶液在管路中停放24h后，用自来水将管道冲洗直至水色透明干净。

14.8.5　水泵调试应符合下列规定：

　　1　检查水泵控制箱接线，测量水泵绝缘电阻。将水泵放入水中，反复提升两至三次，检查耦合器工作状态。选择手动控制，点动起动按钮并立即停止，检查电机转动方向无反向情况，并观察水泵运转有无卡阻及异常声响。

　　2　再次起动水泵，用钳形电流表测量起动水泵的工作电流。检查蝶阀、止回阀等工作状况。停止水泵运转，测量水泵外壳温度变化情况。

　　3　再次将水泵沉入水中。调整水位探头设置，控制水泵启、停泵水位。向水池内注水，监视水泵连续运转2h。

15 站台门

15.1 一般规定

15.1.1 站台门工程应包括管槽安装、线缆敷设、门体安装、机房设备安装、防雷及接地、系统接口、单机调试等。

15.1.2 站台门工程施工应满足国家现行标准《城市轨道交通站台屏蔽门系统技术规范》（CJJ 183）、《城市轨道交通站台屏蔽门》（CJ/T 236）、《建筑电气工程施工质量验收规范》（GB 50303）等的规定。

15.1.3 站台门进场施工前，房屋主体结构应已施工完成。

15.1.4 站台门施工应按规定的程序进行，应进行接口检查并与土建及其他专业工种互相配合。

15.1.5 站台门工程样机测试见证及试验签署应符合现行行业标准《城市轨道交通站台屏蔽门》（CJ/T 236）的规定。

15.2 管槽安装

15.2.1 管槽安装施工工序流程可按图 15.2.1 所示流程进行。

15.2.2 管槽安装应符合本规范第 9.2 节的相关规定。

15.3 线缆敷设

15.3.1 线缆敷设施工工序流程可按图 15.3.1 所示流程进行。

15.3.2 强电电源、接地线缆与弱电数据、控制线缆应分管分槽敷设。线缆出入口处，应做密封处理并满足防火要求。

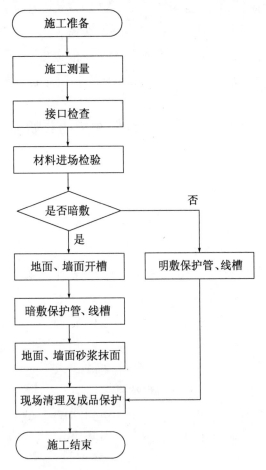

图15.2.1 管槽安装施工工序流程图

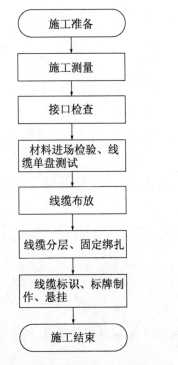

图15.3.1 线缆敷设施工工序流程图

15.3.3 数据线缆、控制线缆、电源线缆在管槽内敷设应符合下列规定：

1 管槽内线缆敷设应平直，无扭绞、打圈等现象；线缆在管槽内应无接头。

2 线缆敷设时应留有一定余量，在设备出线处根据实际情况预留。

3 敷设于水平线槽内的线缆，每隔3~5m宜绑扎固定；敷设于垂直线槽内的线缆每隔2m宜绑扎固定。

4 线缆两端及经过分线盒应有标签，标明线缆的起始和终端位置，标签应清晰、准确、牢固。

15.4 门体及电气安装

15.4.1 门体安装应符合下列规定：

1 门体安装应满足限界要求，在安装时与限界专业进行密切配合。

2 门体结构应做好等电位联结。

3 门机梁、门楣及立柱之间的连接应牢固、可靠。

4 门机梁与门槛面、导轨中心线的平行度、空间位置应符合设计文件要求。

5 立柱、门体与门槛面垂直度应符合设计文件要求。

6 各门体间的平面度应符合设计文件要求。

7 滑动门与立柱、顶部、底部之间的间隙均匀一致，偏差应符合设计文件要求。

8 端头门结构到端墙装修完成面缝隙不应小于20mm，端头门结构与正线门体结构应绝缘安装。

9 设有门锁装置的门体，在关闭情况下应处于关闭且锁紧状态；解锁机构应灵活、可靠；关门应轻便，开门力应符合设计文件要求。

15.4.2 门机安装应符合下列规定：

1 门机内零部件的安装应有防松和减振措施，且应能在站台侧方便更换、调整及维修。

2 站台门系统内各电气部件的防护等级应满足现场环境的使用要求。

3 站台门每个门单元横梁的安装应使门机导轨中心线水平，门机导轨中心线对于水平面的不平行度允许偏差为±4mm。固定门机梁的各支承结合面应处在一个平面内，平面度误差为±0.75mm。

4 门机在结构上的固定应水平，固定方式在后期使用过程中不应引起门机的变形。

条文说明

门体安装参照现行行业标准《城市轨道交通站台屏蔽门系统技术规范》（CJJ 183）。

15.5 机房设备安装

15.5.1 站台门设备机柜重量和安装方式应满足地板均布载荷要求，符合设计要求。

15.5.2 站台门设备房设备安装应符合下列规定：
1 电源零线和接地线应分开。
2 空调送风口不宜设置在站台门设备正上方。
3 站台门设备房应有良好的防渗、防漏水保护及防啮齿类动物措施。
4 设备柜安装应牢固可靠，其垂直度和平整度应符合设计要求。
5 设备柜电气绝缘、接地应符合设计要求。
6 设备柜内的设备，其接线应正确、牢固、整齐，标志应清晰齐全。

15.6 防雷及接地

15.6.1 防雷及接地应符合下列规定：
1 站台门设备室内的设备接地应符合现行国家标准《系统接地的型式及安全技术要求》(GB 14050) 的规定，接地电阻不应大于 1Ω。
2 正常情况下人体可触及的站台门金属构件应与土建结构绝缘，单侧站台门体与车站土建结构之间的绝缘电阻在 500V 兆欧表测量时不应小于 0.5MΩ。
3 站台门系统在站台区域的不带电外露金属部分应进行接地，单侧站台的站台门整体电阻值不应大于 0.4Ω。

15.6.2 站台门应通过接地端子连接车站的接地网。

15.7 系统接口

15.7.1 站台门系统应按设计要求，做好与土建、信号、综合监控等其他工程接口对接，满足系统功能要求。

15.7.2 站台门与土建工程接口应符合下列规定：
1 站台门安装应以轨道控制基标点和站台中心线作为基准。
2 安装前应进行轨道控制基标点的现场确认并记录。
3 站台中心线高程、里程核对并记录。
4 土建结构应符合施工图限界、净空尺寸。
5 站台门安装的土建预埋件或预留孔洞定位尺寸应符合设计施工图要求。

15.8 单机调试

15.8.1 滑动门、端门、应急门应安装关闭且锁紧装置，应能检测门体状态，在门体超过规定时间未关闭时，监控系统应有声光报警。

15.8.2 滑动门的调试应符合下列规定：
1 滑动门的解锁装置应可靠锁闭、解锁，用手动解锁把手或用钥匙解锁滑动门时，解锁力不应大于67N。
2 调整滑动门的手动开门力，应使滑动门手动开关自如，解锁后手动开启单扇滑动门的动作力不应大于133N。
3 调试就地控制盒时，滑动门的运动状态应符合设计文件要求。

15.8.3 应急门/端头门的调试，应符合下列规定：
1 应急门/端头门推杆解锁力或钥匙解锁力不应大于67N。
2 应急门可开启并定位90°；端头门开启后可向站台侧旋转并定位90°，且在小于90°开启后应能自动关闭。

15.8.4 站台门安全回路的调试应符合下列规定：
1 滑动门和应急门的安全开关应动作可靠。
2 中央接口盘、就地控制盘应准确反映站台门安全回路状态。

15.8.5 站台门安装后每个单元应进行运行试验和功能测试；一侧完整的站台门应连续进行5000次运行检测，检测期间站台门应运行平稳、无运行故障。

15.8.6 站台门系统应能实现系统级控制、站台级控制、手动操作控制功能要求。

16 安全技术防范

16.1 一般规定

16.1.1 安全技术防范工程应包括设布线及设备安装、防雷与接地、系统接口、单机调试等。

16.1.2 设备安装单位与相关施工单位应密切配合，各项工程接口条件满足相关技术标准，并相互确认。

16.1.3 设备、材料到货时应做好开箱检验记录，施工过程中应做好安装及隐蔽工程记录，各工序完成后应做好质量检查记录。

16.1.4 设备在运输、保管期间应防止受潮、倾倒或遭受机械损伤，并应满足产品的相关技术要求。

16.2 布线及设备安装

16.2.1 安全技术防范工程施工工序流程可按图16.2.1所示流程进行。

16.2.2 室内线路的布线应做到短捷、安全可靠，尽量减少与其他管线的交叉跨越。

16.2.3 电缆管线施工要求应符合本规范第6.5.3条的规定。

16.2.4 电缆桥架施工要求应符合本规范第6.5.4条的规定。

16.2.5 槽内同时敷设多条线缆时应互不交叉，不得出现强弱电电缆交叉，不得出现背扣、急弯现象。

16.2.6 摄像机等前端设备的安装应符合本规范第7.4.6条的规定。

16.2.7 入侵探测器安装应符合下列规定：

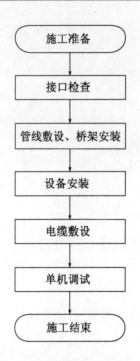

图 16.2.1 安全技术防范工程施工工序流程图

1 红外探测器安装时要避开警戒范围内的干扰物。
2 微波多普勒探测器安装时不应对准闪烁的日光灯、水银灯等气体放电光源，不应对准运动或可能运动的物体，不应对准玻璃等易被微波穿透物体。
3 震动探测器应安装在远离震动源的地方。

条文说明

微波多普勒探测器对准闪烁的日光灯、水银灯等气体放电光源易因灯内运动气体引起误报警，灯闪烁时产生100Hz左右的调制信号与人体运动时产生的多普勒频移相近，易引起误报警。

16.2.8 电子巡查设备安装应符合下列规定：
1 电子巡查信息开关钮应按设计要求安装在各出入口或其他需要巡查的站点上。
2 电子巡查信息开关钮安装高度离地面宜为1.3~1.5m，安装平正牢固，户外应有防水、防破坏措施。

16.2.9 电缆敷设应符合本规范第7.2节的规定。

16.3 防雷及接地

16.3.1 安全技术防范系统监控中心设备采用专用接地装置时，其接地电阻不宜大于4Ω，采用综合接地网时，其接地电阻不宜大于1Ω。

16.3.2 安全技术防范系统监控中心接地施工应符合下列规定：
1 宜采用一点接地方式。
2 接地母线宜采用铜制线，铜带母线表面光滑无毛刺，绝缘线的绝缘层不应有老化龟裂现象。
3 接地线不应形成封闭回路，不得与强电零线短接或混接。
4 接地母线宜铺放在地槽或电缆走道中央，母线应平整，不得有歪斜、弯曲。

16.3.3 前端设备防雷接地电阻不宜大于1Ω。前端设备位于接闪器有效保护范围之内，可不配置防雷设施，前端设备箱中宜安装小型避雷器进行二次保护。

16.3.4 监控中心内应设置等电位连接母线，该等电位连接母线应与建筑物防雷接地、低压配电保护线PE线、设备保护地、防静电地板等连接到一起。

16.3.5 电涌保护器的接地线应以最短的距离与等电位连接母排进行电气连接。

16.3.6 镀锌钢管、金属软管、金属接线盒外壳等金属物均应可靠接地。

16.4 系统接口

16.4.1 安全技术防范系统接口包括与土建、供电、通信等其他工程接口。

16.4.2 安全技术防范系统与土建工程接口应满足下列规定：
1 设备基础预留孔洞、电缆沟槽的尺寸、位置符合设计及设备安装要求。
2 设备用房地面应做防尘处理，监控中心应铺设静电地板。
3 设备用房、走廊及电缆通道的净空距离应满足设备安装、综合吊支架安装要求。

16.4.3 供电工程提供本系统用电设备上级配电箱，配电箱出线端至设备电缆由本系统施工单位完成施工。

16.4.4 安全技术防范系统通道应由通信工程提供，安全技术防范系统施工单位将光缆或网线连接至通信指定位置。

16.5 单机调试

16.5.1 单机调试应满足下列规定：
1 调试方案编制完成并通过相关单位审核。
2 安装设备的规格、型号、数量、备品备件满足设计要求。

3 供电设备的电压、极性、相位等满足设备厂品的要求。

16.5.2 视频调试应符合下列规定：
1 调整摄像机的聚焦环境照度与抗逆光效果等使图像清晰度、灰度等任务满足设计要求。
2 调整摄像机对云台、镜头等的遥控功能，排除遥控延迟和机械冲击等不良现象，使监视范围达到设计要求。
3 调试网切换控制主机的操作程序，图像切换、字符叠加等功能。
4 调试监视图像与回放图像的质量，保证其满足设计要求。

16.5.3 监视功能检验应符合下列规定：
1 监视区域内光照度应符合设计要求，如不符合要求，需增加辅助光源。
2 实时监视要害部位并确认无监视盲区。

16.5.4 显示功能检验应符合下列规定：
1 单画面或多画面显示的图像应清晰、稳定。
2 监视画面上应显示日期、时间及所监视画面前端摄像机的编号或地址码。
3 应具有画面定格、切换显示、多路报警显示、任意设定网警戒区域等功能。
4 图像显示质量应符合设计要求。

16.5.5 记录功能检验应符合下列规定：
1 记录前端摄像机所摄图像应满足设计要求。
2 记录图像上应有记录日期、时间及所监视画面前端摄像机的编号或地址码。
3 应具有存储功能。在停电或关机时，对所有的编程设置、摄像机编号、时间、地址等均可存储，一旦恢复供电，系统应自动进入正常工作状态。

16.5.6 回放功能检验检验应符合下列规定。
1 回放图像应清晰，灰度等级、分辨率应满足设计要求。
2 回放图像画面应有日期、时间及所监视画面前端摄像机的编号或地址码，应清晰、准确。
3 回放图像与监视图像比较应无明显劣化，移动目标图像的回放效果应满足设计要求。

16.5.7 系统控制功能检验应符合下列规定：
1 通过控制设备键盘可手动或自动编程，实现对所有的视频图像在指定的显示器上进行固定或时序显示、切换。
2 控制设备对云台、镜头等所有前端受控部件的控制应平稳、准确。

17 综合监控系统

17.1 一般规定

17.1.1 综合监控系统工程应包括布线及设备安装、系统调试、防雷及接地、接口等。

17.1.2 综合监控系统工程施工应满足现行国家标准《自动化仪表工程施工及质量验收规范》(GB 50093)、《城市轨道交通综合监控系统工程技术标准》(GB/T 50636)、《地下铁道工程施工标准》(GB/T 51310)等的规定。

17.1.3 综合监控系统进场施工前，房屋主体结构应已施工完成。

17.1.4 综合监控系统施工应按规定的程序进行，应进行接口检查并与土建及其他专业工种互相配合。

17.2 布线及设备安装

17.2.1 综合监控系统施工工序流程可参照图17.2.1所示流程进行。

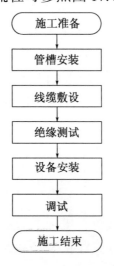

图17.2.1 综合监控系统施工工序流程图

17.2.2 管线敷设应符合下列规定：

1 管槽预埋应符合现行国家标准《电缆管理用导管系统 第21部分：刚性导管系统的特殊要求》（GB/T 20041.21）的规定。管线安装应符合现行国家标准《建筑电气工程施工质量验收规范》（GB 50303）和《自动化仪表工程施工及质量验收规范》（GB 50093）的规定。

2 通信电缆的线缆端接、线缆敷设引入及接续应符合现行国家标准《综合布线系统工程验收规范》（GB/T 50312）的规定。

3 信号线与电源线应分开敷设。

4 信号线宜直接进入设备端子，当采用屏蔽线时，屏蔽层应连续，接地点宜选择信源端。

5 动力电缆、控制电缆、通信电缆的防火、防毒性能及芯线备用余量应符合设计要求。

6 所有线缆应在两端进行标注，标注应包括起点、终点、类型和编号，标注应清晰完整。

17.2.3 设备安装应符合下列规定：

1 车站综合后备控制盘保护应接地，并应符合现行国家标准《测量、控制和实验室用电气设备的安全要求 第1部分：通用要求》（GB 4793.1）中测量类别Ⅰ类安全仪器接地的规定。

2 综合监控系统设备安装位置应避免位于空调送风口下方，控制箱、柜、盘应进行防水防潮和通风散热保护。

3 台式车站综合后备盘应采用支架安装，安装牢固可靠；指示灯、按钮及用材应满足消防要求。

4 车站综合后备盘盘面的设置应符合设计要求，安装应符合工作人员的操控需求。

5 控制中心大屏安装采用支架方式固定时，低架地脚要求牢固安装在结构地板上，超过三层的结构大屏幕拼接墙应与结构墙体固定连接。

6 大屏幕系统屏幕安装期间，前方大厅及维修通道内空气应保持良好对流，空调送风口距离屏幕前面不应小于3m，空调送风口应避免正对显示屏幕。

7 大屏幕拼接墙系统安装水平、垂直度允许偏差为±2mm，拼缝应均匀、顺直、平整。

17.3 防雷与接地

17.3.1 用电设备的金属外壳、机柜、机架、金属管、槽、浪涌保护器接地端等应有接地保护，均应以最短的距离与等电位连接网络接地端子连接。

17.3.2 综合监控系统的接地电阻值不应大于1Ω。

17.3.3 综合监控系统防雷应满足现行国家标准《建筑物电子信息系统防雷技术规范》(GB 50343)及其他相关标准的规定,系统配电箱、终端设备应按设计配置防雷单元。

17.3.4 采用屏蔽布线系统时,应保持系统中屏蔽层的连续性,且屏蔽层应采用单端屏蔽接地。

17.3.5 综合监控系统的电源、接地和防雷应符合现行国家标准《建筑电气工程施工质量验收规范》(GB 50303)的规定。

17.3.6 综合监控系统设备电源接线、设备接地、浪涌保护器设置应符合设计要求。

17.4 系统接口

17.4.1 综合监控系统应按设计要求,做好与土建、火灾报警、信号、门禁等其他工程接口对接,满足系统功能要求。

17.4.2 综合监控与土建工程接口应符合下列规定:
 1 房屋预留孔槽无遗漏。
 2 综合系统设备与消火栓、导向牌(或指示牌)、进出站边门、围栏等其他设备不冲突,操作和维护距离满足设计要求。
 3 设备安装位置预留出线口,出线口尺寸、数量、位置符合设计要求。预留安装设备的出线口制作活动地板或装饰面板。

17.5 单机调试

17.5.1 设备加电后,变换器输出电压、外围终端、告警装置应运行正常,设备状态指示灯工作应正常,各开关按钮、接触器、继电器的动作应正常。

17.5.2 设备的硬件配置、软件配置、网络地址设置、预置参数应符合设计要求。

17.5.3 设备中预装的软件登录应正常,应用程序、调试工具软件应运行正常。

17.5.4 综合监控系统与监控对象的点对点测试应按测点清单进行全部测试。

17.5.5 人机界面至现场监控对象的端到端测试应一次完成,并应按测点清单进行抽样测试,且应符合下列规定:

1 经过100%模拟点到点测试的,抽测应覆盖所有设备类型,抽测点数不应低于该接口专业总点数的10%,抽测中如发现任何错误,应增加抽测比例至20%。
2 模拟测试后若有设计变更,对变更部分应进行全部测试。
3 控制类测点应在现场进行全部端到端测试,不得进行抽测。

17.5.6 综合后备硬线接口应在现场进行全部端到端测试。

本规范用词说明

1 为便于在执行本规范条文时区别对待,对要求严格程度不同的用词说明如下:
1) 表示很严格,非这样做不可的用词:
正面词采用"必须",反面词采用"严禁"。
2) 表示严格,在正常情况下均应这样做的用词:
正面词采用"应",反面词采用"不应"或"不得"。
3) 表示允许稍有选择,在条件许可时首先应这样做的用词:
正面词采用"宜",反面词采用"不宜"。
4) 表示有选择,在一定条件下可以这样做的用词,采用"可"。
2 条文中指明应按其他标准、规范执行的写法为:"按……执行"或"应符合……的规定"。

引用标准名录

1 《建筑给水排水及采暖工程施工质量验收规范》（GB 50242）
2 《通风与空调工程施工质量验收规范》（GB 50243）
3 《建筑工程施工质量验收统一标准》（GB 50300）
4 《电气装置安装工程 母线装置施工及验收规范》（GB 50149）
5 《自动化仪表工程施工及质量验收规范》（GB 50093）
6 《建筑电气工程施工质量验收规范》（GB 50303）
7 《城市轨道交通信号工程施工质量验收标准》（GB/T 50578）
8 《城市轨道交通自动售检票系统工程质量验收标准》（GB/T 50381）
9 《城市轨道交通自动售检票系统检测技术规程》（CJJ/T 162）
10 《火灾自动报警系统施工及验收规范》（GB 50166）
11 《城市轨道交通综合监控系统工程技术标准》（GB/T 50636）
12 《自动扶梯和自动人行道的制造与安装安全规范》（GB 16899）
13 《电梯制造与安装安全规范》（GB 7588）
14 《地下铁道工程施工质量验收标准》（GB/T 50299）
15 《地下铁道工程施工标准》（GB/T 51310）
16 《铁路电力工程施工质量验收标准》（TB 10420）
17 《高速铁路电力牵引供电工程施工质量验收标准》（TB 10758）
18 《铁路长途通信电缆制式系列及主要技术条件》（TB 1478）
19 《高速铁路信号工程施工质量验收标准》（TB 10756）
20 《铁路信号电缆》（TB/T 2476）
21 《铁路数字信号电缆》（TB/T 3100）
22 《铜芯聚烯烃绝缘铝塑综合护套市内通信电缆》（YD/T 322）
23 《城市轨道交通站台屏蔽门系统技术规范》（CJJ 183）
24 《城市轨道交通站台屏蔽门》（CJ/T 236）
25 《电气装置安装工程 电气设备交接试验标准》（GB 50150）
26 《3~110kV 高压配电装置设计规范》（GB 50060）
27 《电气装置安装工程 电缆线路施工及验收标准》（GB 50168）
28 《地区电网调度自动化系统》（GB/T 13730）
29 《城市轨道交通通信工程质量验收规范》（GB 50382）
30 《铁路通信漏泄同轴电缆》（TB/T 3201）

31 《中低速磁浮交通设计规范》（CJJ/T 262）
32 《火灾自动报警系统设计规范》（GB 50116）
33 《气体灭火系统施工及验收规范》（GB 50263）
34 《建筑物电子信息系统防雷技术规范》（GB 50343）
35 《消防联动控制系统》（GB 16806）
36 《火灾显示盘》（GB 17429）
37 《可燃气体报警控制器》（GB 16808）
38 《综合布线系统工程验收规范》（GB/T 50312）
39 《智能建筑工程施工规范》（GB 50606）
40 《建筑物电子信息系统防雷技术规范》（GB 50343）
41 《电梯工程施工质量验收规范》（GB 50310）
42 《给水排水管道工程施工及验收规范》（GB 50268）
43 《系统接地的型式及安全技术要求》（GB 14050）

涉及专利和专有技术名录

1 国家专利

[1] 中铁建电气化局集团第四工程有限公司．测量尺：中国，ZL201620271632.6[P]．2016-08-24．

[2] 中铁建电气化局集团第四工程有限公司．磁浮列车建设施工用作业车：中国，ZL201620354330.5[P]．2016-09-07．

[3] 中铁建电气化局集团第四工程有限公司．磁浮列车取电轨的送轨装置：中国，ZL201620269169.1[P]．2016-08-17．

[4] 中铁建电气化局集团第四工程有限公司．大型库房用固定装置：中国，ZL201620351500.4[P]．2016-08-24．

[5] 中铁建电气化局集团第四工程有限公司．电缆网套：中国，ZL201620269168.7[P]．2016-09-07．

[6] 中铁建电气化局集团第四工程有限公司．用于磁浮列车取电轨的绝缘支撑结构安装的装置：中国，ZL201620358326.6[P]．2016-09-07．

[7] 中铁建电气化局集团第四工程有限公司．磁浮列车接触轨安装方法：中国，ZL201611004858.0[P]．2016-06-12．

本文件的发布机构提请注意，声明符合本文件时，可能涉及相关专利的使用。

本文件的发布机构对该专利的真实性、有效性和范围无任何立场。

该专利持有人已向本文件的发布机构保证，他愿意同任何申请人在合理且无歧视的条款和条件下，就专利许可进行谈判。该专利持有人的声明已在本文件的发布机构备案，相关信息可通过以下联系方式获得。

专利持有人姓名：中铁建电气化局集团第四工程有限公司

地址：湖南省长沙市雨花区中意一路728号

请注意除上述专利外本文件的某些内容仍可涉及专利。本文件的发布机构不承担识别这些专利的责任。

2 工法

[1] 中铁建电气化局集团第四工程有限公司．HNJSGF287-2017 中低速磁浮供电系统接触轨中间接头安装施工工法．湖南：湖南省住房和城乡建设厅，2018．

[2] 中铁建电气化局集团第四工程有限公司．HNJSGF288-2017 磁浮快线直流供电线路短路试验施工工法．湖南：湖南省住房和城乡建设厅，2018．

[3] 中铁建电气化局集团第四工程有限公司．HNJSGF287-2017 中低速磁浮供电系统接触轨中间接头安装施工工法．湖南：湖南省住房和城乡建设厅，2018.